जूतों के दौर में पाँव

(काव्य संग्रह)

डॉ. अमित कुमार मिश्रा

TANEESHA PUBLISHERS

Title : Jooton ke Daur Me Paanv

Author : Dr. Amit Kumar Mishra

Edition : First (January, 2025)

ISBN : 9789348037800

Published by

TANEESHA PUBLISHERS | *A Venture by -* **PRACHI DIGITAL PUBLICATION**

Regd. Add.: 254, Khuriyakhatta No. 10, Bindukhatta,
Lalkuan, Nainital - 262402, Uttarakhand, India
Website : www.taneeshapublishers.in
E-mail : taneeshapublishers@gmail.com
Phone : +91 8454 812712, +91 8057 812712

Printed by :
Manipal Technologies Limited, Bengaluru - 560001, Karnataka

अनुक्रमणिका

भूमिका

'जूतों के दौर में पाँव' समकालीन एहसासों की अभिव्यक्ति

अमित कुमार मिश्रा वर्तमान कविता-धारा की आकाशगंगा के सशक्त हस्ताक्षर के रूप में उदीयमान नक्षत्र हैं जिनकी कविताओं में प्रेम की ताजगी है, समय का ताप है, गहरी पीड़ा की अनुभूति है, जलते प्रश्न हैं और निरन्तर भूख तथा अत्याचार से लड़ने की ताकत है और जीने की जिजीविषावाले व्यक्तियों के या यों कहें आम जन के प्रति समर्थन है, समर्थन ही नहीं शोषण और शोषक के प्रति आक्रोश भी है। इसीलिए अमित कुमार मिश्र की कविताएँ शोषित के पक्ष में और शोषक के विरुद्ध तनकर खड़ी है।

निश्चित ही सामन्तवादकालीन समाज में शोषण का जो स्तर था वह दुनिया अब नहीं रही, जहाँ मजदूर, किसान, कामगार एक तरफ और जमीन्दार और पूँजीपति दूसरी तरफ थे। लेकिन इसका मतलब यह भी नहीं कि आज किसान, मजदूर, कामगार और आम लोगों की भूख की आग बुझ गई है। नव सामन्तवादियों ने नया अवतार ग्रहण किया है और उन्हीं के हाथों कामगारों, मजदूरों, किसानों का शोषण नवीन तरीके से हो रहा है। ऊपर से क्षरणशील राजनीतिक मूल्य, राजनीति का अपराधीकरण, वचनहीन राजनेता और नवपूँजीपतियों के हाथों कठपुतली बनती सरकारें देश और समाज में एक नया परिदृश्य बना रही हैं। तिस पर धर्मोन्मादी आतंकवाद ने राष्ट्र और समाज को अस्थिर बना रखा है। स्वागतेय कवि डॉ. अमित कुमार मिश्र की नज़र समाज, राष्ट्र और जनता के बीच क्षरणशील इन समस्त मूल्यों और परिस्थितियों पर टिकी हुई है। इसीलिए इनकी कविताएँ हर वर्ग की समस्याओं से दो-चार होती जनता की पीड़ा को महसूस करती हैं। इनकी कविताएँ जिन्दगी के जद्दोजहद की कविताएँ हैं।

'जूतों के दौर में पाँव' अमित कुमार मिश्र का पहला काव्य-संग्रह है, जिसमें 62 छोटी-

बड़ी कविताएँ संकलित हैं। इनमें कुछ प्रेम-दाम्पत्य के एहसासात की और कुछ ज़िन्दगी से रोज रू-ब-रू होते पलों की, कुछ क्षरणशील राजनीति पर व्यंग्य की और कुछ किसान-मजदूर, कामगार की पीड़ाओं को महसूसने की कविताएँ हैं।

संकलन की पहली ही कविता प्रेम के एहसास की कविता है। 'मेरी बदनसीबी' शीर्षक कविता में प्रेम में भटकाव के क्षणों को बेहद खूबसूरती से बाँधने की कोशिश की गई है-

"क्या तुम अब भी उतनी ही शिद्दत से
चाहती हो मुझे
जितना कि चाहती थी उस वक्त
जब मैं तुम्हारा था
अगर हाँ
तो कितना बदनसीब हूँ मैं
कि मैं तुम्हारा नहीं।"

प्रेम में विश्वास सबसे महत्वपूर्ण है। विश्वास पर ही प्रेम की गाड़ी चलती है। सजना-सॅवरना, सपने सजाना विश्वास के बूते चलता है। 'तुम्हारा अवलम्ब' कविता में प्रेमी पर विश्वास की इसी अभिव्यक्ति को जगह दी गई है -

"बैठे ठाले क्या करूँ, इन दिनों
खुद को खूब सजाती हूँ
सँवारती हूँ
मन में अनेक रंगीन सपने सजाती हूँ
बाहर-भीतर खुद का खुद से श्रृंगार करती हूँ
और अपने रूप को निहारती हूँ
तुम्हारी आँखों में।
घर में आईने तो कई हैं लेकिन
तुम्हारी आँखों जितना विश्वास
मुझे और कहाँ।"

प्रेमी की नजरों में प्रेमिका का यह विश्वास ही है जो उसे प्रसव के कठिन दिनों में सँवरने का बल देता है। यह सँवरना रूप का ही सँवरना नहीं जिन्दगी के सँवर जाने की कहानी भी बन जाती है। प्रेम की इमारत दृढ़ विश्वास की मजबूत नींव पर टिकी है और

सफल दाम्पत्य की जिन्दगी दृढ़ प्रेम की डोर से बंधी होती है। प्रेम और जिन्दगी की सच्चाई की परत अमित कुमार मिश्रा ने 'तुम्हारा अवलम्ब' में बखूबी खोली है। यह कविता प्रेम करने वालों को सतर्क करती हैं कि प्रेम में विश्वास जरूरी है।

अमित कुमार मिश्र की सोच है कि देश की सरकारें माँ जैसी होनी चाहिए। माँ जो शहर में पढ़ने जाते बच्चे को बाबूजी की जेब से मुट्ठी भर अर्थात जितना मिले पैसे दे देती है, कवि लिखता है-

"बार-बार मन में यह बात कौंधती है कि
बंद मुट्ठी खोलते समय
उसे याद तो आती होगी
अपनी फटी साड़ी और टुटी चुड़ियों की।
देश में फैली हुई
भूख और गरीबी को देखकर सोचता हूँ
देश की सरकार माँ जैसी होनी चाहिए।।"

इस संकलन की 'पेट भूख रोटी' शीर्षक कविता जिन्दगी की सच्चाई से रू-ब-रू कराने वाली कविता है। ऊँची डिग्री हासिल कर लेने से आदमी की जिन्दगी की समझ नहीं बढ़ जाती है। जिन्दगी को करीब से जानता-समझता वह है जो उसकी रोज की कठिनाइयों से लड़ता है, भूख मिटाने को छटपटाता है, फिर रोटी का मूल्य समझता है -

"वह हँसते हुए चल पड़ा
और जाते-जाते कुछ शब्द
उछाल गया मेरी ओर
किसी चैलेन्ज की तरह,
सबसे बड़ी ... रोटी
सबसे ऊँची ... भूख
सबसे गहरा ... पेट ।"

इस संग्रह की शीर्षक कवित 'जूतों का दौर' एक प्रतीकात्मक कविता है जो पाँव में रहकर भी पाँव को घायल कर जाने की हुनर रखता है -

"हमारे दौर के जूतें
आस्तीन में संभाले रखते हैं,

नोकदार कील और
जब चाहे तलवा छेद देने की
हुनर से बखूबी वाकिफ हैं।"

इस संग्रर की एक कविता है 'हत्या', जिसमे राजनीति, प्रशासन और पूँजीपति की मिलीभगत से शोषण के सम्पूर्ण सच को दफना देने की निरंतर कोशिश की चर्चा है। कवि का यह विश्वास है कि इस सच को तहखानों में दफनाने में वर्षों-युगों लगे हैं पर कविता आज उस सच के तहखाने तक पहुँचने में कामयाब हो गई है। जलाना तो वे कविता के पन्ने को भी चाहते हैं पर डर है कि काले अक्षर जलकर लाल हो सूरज की किरणों में जा मिले तब उनके अस्तित्व का क्या होगा ? वे भयभीत हो जाते हैं। कविता यूँ शुरू होती है -

"हाँ तुम बेशक जला दो
इन पन्नों को
आग लगा दो मेरी कविता को
इसके पर निकल आए हैं
और यह उड़ते-उड़ते जा पहुँची है
सच के तहखाने तक।"

राजनीति, समाजवाद, लोकतन्त्र, भूख, असंतोष, और सबसे अधिक कई कोणों से प्रेम पर कई कविताएँ इस संग्रह में हैं। जीवन की कविताएँ हैं और जिजीविषा की कविताएँ भी यहाँ हैं। अमित कुमार मिश्र की कोशिश रही है कि कविता लिखने की बेचैनी कलमबंद हो। भाव जब बेचैन करते हैं तो सोने नहीं देते हैं और फिर कवि कलम का हथियार उठा लेता है उस भाव को कविता में लिपिबद्ध करने के लिए। भाषा में मुहावरेदारी आ जाती है, कहने का अंदाज बदल जाता है, अनुभूति के पक्ष में कवि खड़ा हो जाता है, सृजन धर्म को लेकर।

कवि अमित कुमार मिश्र को धरती पर पर्यावरण के विनाश की गहरी चिन्ता है। वह मानते हैं कि प्रकृति है तो जीवन है। पेड़ है तो इनसान है। हर पेड़ काटने वाला इनसान अपने पैर पर ही कुल्हाड़ी मारता है - "

मैंने कुल्हाड़ी पेड़ पर चलाई
और वह खिलखिला का हँस पड़ा

उसकी हँसी में एक व्यंग्य,
एक मारक कटाक्ष छिपा था
जैसे वह कह रहा हो
इस नादान मनुष्य ने फिर से
कुल्हाड़ी अपने ही पाँव पर चलाई है।"

अभी के दौर में कविता छन्दमुक्त हो गई है किन्तु उसमें शब्द-लय और भाव-लय की सम्पूर्ण उपस्थिति मौजूद है। कविता अब प्रतीकों, बिम्बों और फैंटेसी के सहारे बहुत कुछ कहना चाहती है। डॉ. अमित कुमार मिश्र की कविताओं में आज के दौर की ये सारी सांकेतिकताएँ विद्यमान हैं। बातचीत की भाषा में अभिव्यक्ति का ऐसा सफल प्रयास 'जूतों के दौर में पाँव' की कविताओं में पाठक को निरन्तर मिलेगा। आज जबकि गद्य साहित्य का दौर चल रहा है, उसमें कविता ठिठक-सी गई लगती है, हांसिए पर ढ़केली जा रही है; ऐसे गाढ़ें समय में अमित कुमार मिश्र के 'जूतों के दौर में पाँव' की कविताएँ पाठक को एक नाज़गी प्रदान करेगी। मैं अपने प्रिय कवि डॉ. अमित कुमार मिश्र को इस संग्रह के लिए शतशः साधुवाद देता हूँ।

डॉ. अमर कांत कुमार
(वरिष्ठ कवि-ग़ज़लकार)
सेवा निवृत्त एसोसिएट प्रोफेसर एवं अध्यक्ष
हिन्दी विभाग, एम.एल.एस.एम. कॉलेज , दरभंगा

मेरी बदनसीबी

क्या तुम अब भी उतनी ही शिद्दत से
चाहती हो मुझे
जितना कि चाहती थी उस वक्त
जब कि मैं तुम्हारा था
अगर हाँ
तो कितना बदनसीब हूँ मैं
कि मैं तुम्हारा नहीं ।

तुम मेरे लिए पहले निकाल देती थी
वे रोटियाँ जो जली नहीं होतीं ।
पता नहीं कब सिल जाते थे
मेरे फटे कपड़े और
मेरा रूमाल बनने के लिए
न जाने कितनी बार
बिनसिले पड़े रह गए
तुम्हारे सलवार।
क्या तुम अब भी
वैसे ही निभाती हो
प्रीत की रस्में
अगर हाँ
तो कितना बदनसीब हूँ मैं
कि तुमने आवाज दी
और मैं आया नहीं ।

दोपहर में अपने नाखूनों को
सजाती थी तुम, गुलाब की पंखुड़ियों से

और जब मैं तुम्हारी हथेलियों को
दबा लेता था अपने हाथों में
तब तुम्हारे गालों पर खिंच आता था
वही गुलाबी रंग ।
क्या अब भी तुम्हारे गालों पर खिंच आती है,
गुलाबी शबाब
अगर हाँ,
तो कितना नासमझ हूँ मैं
कि तुम्हारे प्रेम को
पढ़ नहीं सका।

कटे हुए खेत में, गेहूँ की
बालियां लोढ़ते हुए
बीच-बीच में जो तुम तकती थी मेरी ओर
अपने बदन से बहते पसीने से
बेखबर हो, मेरे ललाट पर
चमकते स्वेद-बूँदों को
अपने फटे आंचल से पोछने की कल्पना कर
मन ही मन मुस्कुरा उठती थी
रह-रहकर ।
क्या तुम अब भी
मुस्कुराती हो उसी तरह
अगर हाँ
तो कितना बुजदिल हूँ
कि तुम्हारा हाथ
मैं थाम नहीं सका ।

तुम्हारा अवलम्ब

बैठे ठाले क्या करूँ, इन दिनों
खुद को खूब सजाती हूँ
संवारती हूँ
मन में अनेक रंगीन सपने सजाती हूँ
बाहर-भीतर खुद का खुद से श्रृंगार करती हूँ
और अपने रूप को निहारती हूँ,
तुम्हारी आंखों में ।
घर में आईने तो कई हैं लेकिन
तुम्हारी आंखों जितना विश्वास मुझे
और कहाँ ?
श्रृंगार तो मैं खुद का पहले भी किया करती थी
लेकिन, पहले काम का बोझ
इतना होता था मेरे ऊपर
कि खुद को सजाने के बाद
निहार पाना कहाँ संभव हो पाया था कभी ।
तुम्हारी खुशी से ही जान पाती थी कि
आज मैं खुद को संवारने में सफल रही हूँ ।
इन दिनों तुमने जो इनायत की है,
मेरे सारे कामकाज अपने हाथों में ले ली है
तो इन दिनों मैं और क्या कर सकती हूँ
बैठे ठाले खूब सिंगार करती हूँ,
अपने अंतःकरण और बाहरी रूप का।
तुम्हारी आंखों में निहारती हूँ खुद को
महसूस करने का प्रयत्न करती हूँ
अपने और तुम्हारे मन को
और बरबस ही जान जाती हूँ कि

इन दिनों मेरा रूप कुछ ज्यादा ही
जँचने लगा है तुम्हें ।
तुम बाहर-भीतर का काम करते हो
इतने थके होते हो
बावजूद इसके मेरे रूप पर कितने
रीझे रहते हो।
तुम्हारा सहारा पा कर ही तो मैंने
सृष्टि की सबसे बड़ी पीड़ा (प्रसव-पीड़ा)
सहने की शक्ति जगाई है खुद में।

देश की सरकार

हर बार तो यही होता है कि
जब मैं जा रहा होता हूँ शहर
काम-धंधे के निमित,
मन भर आता है घर भर का;
हर कोई जान रहा होता है
फिर लौटूँगा लंबे अरसे बाद ।
और ठीक उस समय
जब निकलने वाला होता हूँ घर से,
मां ढूढ़ती है पिता जी का कुर्ता
उसकी जेब से निकाल लाती है कुछ पैसें।
कभी बीस, कभी तीस, कभी पचास तो कभी ...
मसलन यह कि जो उसकी मुट्ठी में आ जाए ।
ये पैसे, उसकी कुल पूंजी होती है
जो वह मुट्ठी में भरकर सौंप देती है मुझे।
ये पैसें शहर से लौट आने तक
मुझे भूखा नहीं सोने देते कभी।
वापस लौटता हूँ,
कभी कुछ सप्ताह में,
कभी कुछ महीने में और कभी वर्ष में भी
मुट्ठी भर पैसा काफी होता है
उतने दिनों के लिए।
यह मुट्ठी भर पैसा, मात्रा में जितना भी हो
किसीकी कुल पूंजी होता है, जो वह
सौंप दिया करती है अपने संतान को।
बार-बार मन में यह बात कौंधती है कि
बंद मुट्ठी खोलते समय

उसे याद तो आती होगी
अपनी फटी साड़ी और टुटी चूड़ियों की।
देश में फैली हुई-
भूख और गरीबी को देखकर सोचता हूँ
देश की सरकार माँ जैसी होनी चाहिए।

नियंता की नियति

सुबह-सुबह व्यथित होकर
आखिरकार मैं जा पहुँचा सूर्यदेव के पास
मैंने जैसे ही गुहार लगाने को मुंह खोला
मेरी आवाज में लड़खड़ाहट देख
उन्होंने कहा मुझसे,
'क्यों इतने व्यथित हो ?
जो भी कहना हो बेहिचक कहो ।'
मैंने सांसे समेटकर गुहार लगाई
'प्रभु इन दिनों मुर्गे की चल पड़ी है
वह लोगों को डराता है,
धमकाता है, कहता है कि,
अगर तुम मेरी सुख-सुविधा का ख्याल नहीं रखोगे तो
मैं बांग नहीं दूंगा
सूर्य उदित नहीं होगा
और तब समझ लो
सृष्टि का संचालन कैसे संभव हो सकेगा ।'
सूर्य देव ने कहा,
'मुझसे क्या चाहते हो ?'
मैंने कहा, 'प्रभु !
बस इतना चाहते हैं हम धरतीवासी आपसे, कि
आप मुर्गे को इसकी सजा दे
आप अपने उदय के लिए,
मुर्गे की बांग की प्रतीक्षा न किया करें ।'
थोड़ा असहज होकर कहा सूर्यदेव ने,
'मैं चाह कर भी ऐसा नहीं कर सकता हूं
द्वापर से ही जिस तरह अंधों के हाथों में,

शासन सौंप कर
यह व्यवस्था कर दी गई कि
नियंता खुद तो कुछ देख सकेगा नहीं
उसके चापलूस उसे जैसे चाहे
दुनिया दिखा सकते हैं,
सृष्टि का दर्शन करा सकते हैं ।
उसके बाद सदैव वह पट्टी,
बांधी जाती रही है
हर एक नियंता की आंखों पर
और नियंता दुनिया देखने के लिए
अपने चाटुकारों के अधीन होता है ।
चाटुकार जैसे चाहे वैसे ही उसे
दुनिया दिखलाते हैं ।
उसी व्यवस्था के तहत मुझे भी बांध दिया गया है
जब तक मुर्गें मुझे यह सूचना न दें
कि सुबह हो चुकी है
मैं उदित न होने को लाचार हूं ।
इस व्यवस्था के तहत जीने की आदत
धरती-वासियों को डाल लेनी चाहिए
व्यवस्था को बदलने का हर प्रयास
विफल ही होता रहा है द्वापर से अब तक ।

दरार

कई बार देखा होगा आपने
खेतों में, कच्ची सड़कों पर,
भूमि में,
आयी दरारों को ।
ये दरारें प्यास से
चिर डालती हैं,
धरती के आंचल को।
दरार पड़ते देखा-सुना होगा आपने
दिलों में
यह दरार और भी गहरी प्यास से
सुलगा रही होती है
हृदय के ज्वार को।
... दरार रिश्तों में पड़ते है
विश्वास में पड़ते हैं
प्रेम में पड़ते हैं और
अगम्य आकाश में भी पड़ते हैं
किन्तु, क्या आपने
महसूस करने की कोशिश की है,
उस दरार को जो
किसान की एड़ियों में पड़ते हैं
उनके पांवों में पड़ते हैं,
चमरे की झुर्रियों पर पड़ते है ।
कल कहा था मेरे मरणासन्न दादा ने,-
"ये दरार बड़े चुभते हैं
असह्य पीड़ा पहुँचाते हैं
जब देखता हूँ कि

जिसके लिए प्रकृति की
कठोर प्रचंडता सही मैंने
वे हीं कन्नी काट जाते है
मेरे जीवन की संध्या में ।"

मैयत का न्योता

बैठे-बैठे अचानक से स्मृतियों को झटका लगा और
याद हो आया कि आज तो मुझे
उसकी मैयत में जाना था
पता नहीं दिन भर कैसे भूल कर बैठा रहा ।
अभी परसों ही तो वह मिला था मुझसे
तब उसने मुझे न्योता दिया था
इस इतवार को, अपनी मैयत में शामिल होने का ।
आज इतवार है
उसकी मैयत निकली होगी
तीन, चार या पांच बजे के आसपास ।
वह मेरा बड़ा पुराना मित्र था
इस नाते उसकी मैयत में शामिल होना
मेरे लिए सर्वाधिक आवश्यक था
किंतु आजकल काम का बोझ इतना बढ़ चला है कि
कई सारे जरूरी काम भी मस्तिष्क से पड़े रह जाते हैं
देर सवेर याद आती हैं चीजें
और उसे याद कर पाता हूं
कि तब तक तो समय हाथ से फिसल चुका होता है
फिर उन चीजों का याद आना और न आना
कुछ खास मायने नहीं रखता ।
अभी जाकर देखूंगा, अगर उसकी मैयत
निकलने में समय बाकी हो
या निकल कर अभी श्मशान में राख नहीं हुई हो
तो जाकर अंतिम क्षण में
मित्रता के नाते खड़े तो अवश्य हो सकता हूं।
कितनी प्रसन्नता से मिला था वह मुझसे परसों

उसने कहा आज और कल जीने लायक शक्ति बाकी है उसमें
लेकिन इतना तो निश्चय है कि अब वह
भूख दो दिन से ज्यादा बर्दाश्त नहीं कर सकता है
और रविवार को आखिरकार उसे दम तोड़ना ही होगा।
रविवार की सुबह से अँतड़ियां कुलबुलाएगी
और तीसरे पहर तक जाते-जाते उसका मरना तय है।
उसने आज यानी रविवार की शाम
अपनी मैयत में शामिल होने का न्योता दिया था मुझे।
आप आश्चर्य न करें
वह जो मेरे मित्र की दुनिया थी
या जिस दुनिया में हम जीते हैं, उसमें
हमारे मरने की तारीख पहले से ज्ञात होता है हमें
और हम स्वयं, अपने मैयत में शामिल होने का
न्योता, अपने परिजनों को, स्वजनों को,
मित्रों को, देने में समर्थ होते हैं।

मृत्यु और नींद

आज जबकि आधी दुनिया
नींद न आने की बीमारी से त्रस्त है
तब कैसे तुम्हें इतनी नींद आ गई
कि बिजली की कड़कड़ाहट सी
मालट्रेन की तेज आवाज
तुम्हारी नींद में बाधक नहीं बनी ?
अरे हम तो सोते हैं मखमल के गद्दे पर
पंखे की ठंडी हवा में
तब भी करवटें बदलते समय गुजरता है
नींद नहीं आती
तुम कैसे सो गए, पीठ में चुभने वाले
उन पत्थरों पर
और तब भी तुम्हें इतनी गहरी नींद आ गई ।
सब कह रहे हैं कि तुम गरीब मजदूर थे
लेकिन तुमसे अमीर तो कोई था ही नहीं
जिसे सौगात में इतनी नींद मिली थी।
जीने वाले नींद के लिए तरसते रहेंगे
और तुम चिर निद्रा में लीन हो गए।

पेट भूख रोटी

आप कहाँ तक पढ़े हो बाबू जी ?
बुझी आंखों के इस प्रश्न ने मेरी आंखों में चमक ला दी ।
मैंने सगर्व कहा -
एमए किया है मैंने ।
"फिर तो आप बहुत कुछ जानते होंगे।"
"बिल्कुल, मैं साहित्य और भाषा का बड़ा जानकार हूँ ।"
"अच्छा बाबू जी ! आपकी भाषा में सबसे बड़ा क्या है?"
मैंने सोचते हुए कहा,
"आकाश"
"सबसे ऊंचा ?"
"पर्वत।"
"सबसे गहरा ?"
"समुद्र।"
वह हंसते हुए चल पड़ा
और जाते-जाते कुछ शब्द
उछाल गया मेरी ओर
किसी चैलेंज की तरह,
सबसे बड़ी, रोटी
सबसे ऊंची, भूख
सबसे गहरा, पेट ।
रोटी...भूख ...पेट
पेट...रोटी ...भूख
पेट...पेट ...पेट
भूख ...भूख ...भूख
रोटी ...रोटी ...रोटी ...

जिन्दगी को उधार

मेरा कर्ज उतार सको इतना सामर्थ्य
तुझमें नहीं ऐ जीन्दगी !
मैं उन दिनों में भी
मुस्कुराकर मिला हूँ तुमसे
जिन लम्हों में,
सरिताएं सूख जाती हैं
सूरज प्रकाश देना भूल जाता है
घटाएँ खुद अपना जल पी जाती हैं
और दर्द से पत्थर भी कराह उठता है।
कौन कहता है ?
विष सिर्फ महादेव ने पीया था
हम जो पीते हैं वह
अपमान का घूंट
क्या विषपान से कम है ?

जिस समय हृदय तार-तार हो चुका था
आंखें सूख चुकी थी,
बिना एक बूंद आंसू बहाए
स्मृतियाँ यूं छिन्न-भिन्न पड़ी थी,
जैसे मस्तिष्क निश्चेत पड़ गया हो,
गहरी थकान से।
याद कर ऐ जिन्दगी !
उन दिनों में भी लगान चुकाया है मैंने तेरा।

तेरा जाना

मैं मानता हूं, तुम बड़े थे
मैं सिंचित होता रहा
अनंत काल तक
तुम्हारी छाया से।
तुम्हारे कद ने
निरंतर चुनौती दी है
अकड़ कर खड़े पर्वतों को
तुम्हारी गहराई से
घबराते देखा है मैंने समंदर को ।
तुम्हारी साधना ने
तुम्हें वह शक्ति दी
कि तुम परख सकते थे
सच और झूठ के बीच के
महीन परत को।
तुम्हारी आंखों में
सुलगते देखा है मैंने
समय के मशाल को ।
हाँ, ज़रा झुक कर चलते थे तुम
सीने में दर्द की शिकायत रहती थी
हो भी कैसे नहीं
तूफानों को सीने पर झेलने की
आदत जो पाल रखी थी तुमने।
लेकिन यह क्या बात हुई
जो दिखा उसे गले लगा ली,
तुमने जीवन को अपनाया
अपने-परायों को गले लगाया

दोस्तों-दुश्मनों को अपना बनाया
आज मौत ने दस्तक दी दरवाजे पर
तुमने दौड़कर उसे भी,
भर लिया आगोश में
यह कैसी आदत पाल रखी थी तुमने
बिना बताए ही चल दी
जाने की ऐसी जल्दी क्या थी ?

गीत

पदचाप सुहाने मौसम की
वायु की आहट मंद मंद
खग के धीमे कोलाहल से
जब प्रातः का संदेश मिले
तब प्राण हमारे विकल प्रिय
घनघोर विरह में जलते हैं ।

निशा की काली तम की चादर
जब हृदय को मेरे ग्रसती है
भंवर में तेरी यादों के
स्मृतियाँ खोती रहती है
तब पलकों पर हौले हौले
इक नींद पसरती जाती है
उस नींद के आलम में भी प्रिय
कब चैन से मैं सो पाया हूँ ?

मन में तेरी यादों की
ज्वालाएँ हर पल जलती है
महासमुद्र का ऊहापोह
दिन रैन हृदय में पतला है
हर वक्त बरसने वाला मेघ
कब तृषा बुझाने पाया है
इक घूंट पिला दे आज प्रिय
यह प्यास तुम्हीं ने जगायी है ।

जाने कितने ही दिन बीते

कितनी ही राते आयीं-गयीं
तेरी यादों का मतवाला मन
यह आस लगाए बैठा है,
कभी तो बरसेगी स्वाति
चातक की प्यास बुझाने को
वह चाँद कभी तो पिघलेगा
चकवे की विरह-व्यथा सुनकर ।

क्या मोल हमारे विरह का
अब भी न मिलने पाएगा
यह जग अपनी निष्ठुरता पर
लज्जित न होने पाएगा ?
कितने ही प्रेमी लील चुका
पर प्यास अभी तक बुझी नहीं
देखो अम्बर तक दहल उठा
धरती की छाती फटी पड़ी
यह विश्व अभी तक रत्ती भर
आडम्बर से है डिगा नहीं ।

बेखबर

वक्त ने तुम्हारे हाथ में
कुल्हाड़ी दी
तुम काटने लगे मेरी जड़ें
यह भी सोचना गवारा नहीं किया
कि यह वक्त किसी का सगा नहीं
कल किसी और के हाथों में,
कुल्हाड़ी देकर
दिखला देगा तुम्हारी जड़ें।
या क्या पता शायद अब तक
वक्त ने कर दिया हो अपना काम।
तुम मेरी जड़ें काटने में मस्त
अपनी ओर से बेपरवाह
भड़भड़ाकर गिर पड़ो किसी दम
और मैं गर्वोनत
मौज में लहलहाता रहूँ
नयी जड़ों के साथ।

अधिकारी

ग्रहों ने साजिश कर
सूर्य से सब कुछ छीन ली
उसके रथ,
उसके तेजस्वी सातों घोड़ें
उसके शीश का मुकुट
दसों दिशाओं में फैली कीर्ति
उसका देवत्व;
सब।
छिनते-छिनते ग्रहों का हौसला
उत्तरोत्तर बढ़ता गया
और उसने छीनने को उद्यत हो
हाथ बढ़ा दी,
सूर्य के तेज की ओर
और झुलसी हुई हथेली ले
मुंह लटकाए लौट आएं।
सूर्य ने कुछ नहीं कहा-
न रोका, न टोका
मगर, तेज तो वही संभाल पाता है
जिसने खुद को जलाकर
अपने भीतर आग पैदा की हो।

अवलंब

सूर्य को भी जरूरत होती है
एक चांद की,
जो उसकी अनुपस्थिति में
रौशन रख सके
उसकी दुनिया।
समंदर को भी कमी खलती है
एक नदी की,जो
मिटा सके उसके खारेपन की कमी।
वृक्ष भी तलाशते हैं,
नन्हे परिंदे, जो
उसके सर पर दे सके
मासूम पंखों की छांव।
पृथ्वी को भी चाहिए,
शेषनाग का फन, जो
लोक ले उसे
समंदर में गिरने से।
लोक में सभी तलाशते हैं,
अपने लिए अवलंब
फिर क्या गुनाह किया
जो मैंने, तुम्हारी तलाश में
अपनी उम्र गंवा दी?

लोकतंत्र

हे प्रिय प्रजाजनों !
कुदरत ने तुम्हें,
नर्म और मुलायम चारा बनाया
और हमें (यानी तुम्हारे नेता को) घोड़ा
यह तो कुदरत ने स्वयं निर्धारित कर रखा है
कि तुम हमारा चारा हो
तुम्हें खा कर ही तो हमारी भूख मिटती है
फिर क्यों आए दिन प्रलाप करते रहते हो ?
शांतिपूर्वक जीते हुए,
क्यों नहीं धन्यवाद देते हो लोकतंत्र को
जिसने तुम्हें इतना अधिकार तो दिया है
कि तुम अपने पसंद का घोड़ा चुन सको।

हमारी हिन्दी

सवारी गाड़ी के स्टेशन पर रुकते ही
अनगिनत लोग भीतर से बाहर निकलने के लिए
और इतने ही लोग बाहर से भीतर जाने के लिए
दरवाजे पर उमड़ पड़े
सभी एक दूसरे से धक्का-मुक्की करते हुए
अंदर और बाहर आने जाने को बेचैन हो
गूफिंत हो गए
इसीमें सकुचाती हुई एक बुढ़िया
अलग-अलग दरवाजे पर जाती
अंदर जाने का रास्ता ढूंढती और जल्दी में बेचैन हो
इस दरवाजे से उस दरवाजे दौड़ लगाती ।
छोटे से स्टेशन पर गाड़ी के
रुकने का समय भी दो मिनट निर्धारित है
गाड़ी के सीटी देते ही उसकी बेचैनी बढ़ने लगी
झुकी कमर के साथ वह धक्का-मुक्की करती हुई
गाड़ी में घुस पाने में असमर्थ थी
वह कोई और नहीं, हमारी हिंदी थी।

स्नेह पौध

मैं मना लेता हूँ तुम्हें
बड़े यत्न से
जब-जब रूठ जाती हो तुम
तुम भी मना लेगा
जो मैं रूठा कभी।
देखना प्रेम का यह पौधा
मुरझाए नहीं,
तुम सिंच देना
जो मैं सिंचना भूला कभी।

बड़ा सहज है लगाना स्नेह का पौध
मगर, उतना ही जटिल है
इसे जिलाए रखना,
झंझावातों से बचाए रखना।
समय-समय पर
उखाड़ फेकना होगा,
स्नेह-पौध के नीचे उपजे;
उसके हिस्से की उर्वरा सोखने वाले
झाड़झंखाड़। हाँ, मगर तब याद रखना -
बड़ा मुश्किल होगा पहचानना
स्नेह-पौध और झाड़झंखाड़ों की जड़े
दोनों दिखेंगे एक से
भ्रमवश उखाड़ न देना स्नेह पौध की जड़े।

यहाँ बुद्धि से काम नहीं बनने वाली
हृदय चुटकियों में सुलझा देगा

सारे उलझन ।
बुद्धि कहेगा 'जला दो स्नेह-पौध की
सुखी लकड़ियां' और
हृदय कहेगा, 'इसे सिंचित करो नेह से
कि फिर लहलहा उठेगा
तुम्हारा स्नेह ।

अब मैं कविता नहीं लिखता

मैं नहीं लिखता
इन दिनों कविता कोई।
देख चुका हूँ,
कविता लिखे बिना भी
धीरे-धीरे शांत हो जाती है
हृदय की ज्वाला ।

पहले की तरह जाता हूँ
नदी के किनारे,
बैठता हूँ नरम नरम रेत पर
और बगैर उदास हुए
छोड़ देता हूँ
नदी का किनारा और नरम-नरम रेत ।
देखता हूँ, दीवारों पर
मकड़ी के बारिक मजबूत जाले
उसमें फंस कर तड़पते पतंगे।
पतंगे, जो मुझे बहुत प्यारे हैं, मगर
मैं आह नहीं भरता हूँ
पतंगों की मौत देख ।

आज शाम अचानक देखा
सूख चुके हैं वे घास
जिनपर बैठकर मैंने लिखे थे
कई प्रेम गीत और
कई शामें गुजारी थी,
उनपर लेटकर,

एकटक अंबर को निहारते।
लगा एक कसक उठेगी हृदय में,
घासों के सूख जाने से
मगर नहीं,
आज की शाम, निर्जीव धत पर बैठ
निहारता हूँ अंबर और
अंबर नजर आता है वैसा ही
निर्विकार अपनी ऊँचाई पर ऐठा हुआ।

अबभी कई मित्र सुनाते हैं
अपनी कविताएँ मगर
मेरे कान में कविता के शब्द
पड़ते हैं,
यातायात के शोर की तरह
मगर मैं, महसूस नहीं होने देना चाहता
अपने मित्रों को कि
अब मैं कविता नहीं लिखता ।

कोई भाव नहीं जगते,
मेरे मन में -
नदी के किनारे और
नरम-नरम रेत के
बिस्तर को छोड़ते हुए
कोई कसक नहीं उठता;
पतंगों को मरते और
घास को सूखते देख ।

बस निर्विकार देख रहा हूँ

अपने हृदय को भाव शून्य होते,
उस हृदय को जहाँ
कविता पलती थी कभी।

दो आँखें

मैं था, तुम थे
प्यार भरा मौसम था
अपना टूटा फूटा घर भी
कहाँ साकेत से कम था।

एक तरफ मैं तेरा दर्पण
तेरी आँखों में मेरा रूप समाया था
सांझ सबेरे दीदार तुम्हारा
सुखद स्वप्न सा लगता था।

हाँ, दुनिया की बात निराली
तब भी बिल्कुल ऐसी ही थी
एक एक दिन बीच कर कर तो
कभी नित्य, ठोकर मारा करती थी।

दिन भर का जख्मी ह्रदय लिए
सांझ को जब मैं आता था
दरवाज़े के टूटे पल्ले के पीछे
तू किसी जाम सी छलकती थी।

आँखों में आमोद भर प्रिय
अधरों से राग सुनाती थी
मेरे ह्रदय के एक एक जख्म
पल भर में तुम सिल जाती थी।

निशा का जवां यौवन,
जब अंगड़ाई लेता था
दिन भर का मुरझाया चंदा,
आसमान में दौड़ लगाता था
हाँ, याद है मुझे; ठीक उसी घड़ी तुम
करवट बदला करती थी।

तब एक जीता जागता मधुशाला
आगोश में मेरे होता था
छकछर पीता यौवन का रस
मैं सुरा-मधु में खोता था।
प्रातःकाल की सूर्य किरण
स्वर्ण कलस छलकाती थी।

अब जबकि हो पास नहीं तुम
जीवन में उन्माद नहीं है
निशा आती है अवसाद लिए नित
सीतल पवन झुलसाता है
सुबह की किरण दाहक बनकर
तन-मन में आग लगाती है।

तेरा जाना जीवन से मेरे, प्रिय!
रस का ही छन जाना था।
तन तो शुष्क बना अब भी
वैसे ही जीता जाता है,
मन का क्या कहूँ मैं तुमसे
वह पास मेरे कब आता है।

पास मेरे है याद तुम्हारी,
शूने घर में विचरती है।
हाँ, जब आता हूँ सांझ ढ़ले घर
दरवाजे पर पांव ठिठकते हैं
उसी पुराने टूटे पल्ले से दो आँखें
ताकती रहती है।

जूतों का दौर

हां मैं फिर से कहता हूँ
पूरे विश्वास से कहता हूँ
इस सच को स्वीकारने में
आनाकानी मत करो
कि यह दौर
जूतों का है।
इस दौर की सच्चाई यही है कि
जूते पाँव से बहुत आगे निकल चले हैं,
जूते आगाह करते हैं पाँव को
कि अपनी हद में रहो।

हमारे दौर के जूतें,
अपनी आस्तीन में संभाले रखते हैं,
नोकदार कील और
जब चाहे तलवा छेद देने की,
हुनर से बखूबी वाकिफ हैं।

शुरू-शुरू में कुछ मतलब परस्त पाँवों ने,
जूतों को सर चढ़ाया
बतलाया कि तुम हिफाजत करते हो पैरों की
और यकीन मानो तुम
पैर से ज्यादा बलशाली हो ।
जूतों को समझ आ गई बात कि
कुछ पाँव हैं जो
उसके सहारे जमाना चाहते हैं अपनी सत्ता;
बस यहीं से शुरू होता है

जूतों का दौर।

अब जूतें जैसे चाहें चलाते हैं पाँव को
और जो पाँव इनकार करते हैं,
जूतों के बताए रास्ते पर चलने से
उन्हें अपनी आस्तीन में छुपाए कील से
लहूलुहान कर देते हैं इस दौर के जूतें।

कांच की चुड़ियाँ

वक्त धीरे-धीरे अपनी तकरिरों को
झूठलाता है।
बचपन से एक धारणा बना दी गयी
कि कांच की चुड़ियाँ
औरतों का श्रृंगार है और
मर्दों को दी गयी गाली।
कांच की चुड़ियाँ नाजुक होती हैं
रिश्तों की तरह
पुरूष का अभिमान सदैव खंडित करता रहा है
चुड़ियों और रिश्तों को एक साथ।
इन्हें संभाले रखने को,
जिस अपार धैर्य की आवश्यकता है
वह एक स्त्री में ही भरा है विधाता ने।
बल्कि, मैं तो कहूंगा -
धैर्य और स्त्री को पर्याय घोषित करने का
उचित समय है यह।
स्त्री, भूमिजा है और
अपनी जननी (धरती) से सहनशीलता
विरासत में पा जाती है
सुनो !
स्त्री को वसुंधरा की स्वामिनी घोषित करने का
उचित समय जान पड़ता है यह।
और सुनो आज के जमाने की स्त्रियों
तुम्हें भी मैं सावधान कर देना चाहता हूँ
ध्यान धरो, अपने दूसरे रूप का भी
जिसमें तुमने

चूड़ियों की कोमलता के साथ-साथ
खड्ग की प्रचंडता को भी धारण कर रखा है।
याद रखो,
नाजुकता और कठोरता दोनों ही
तुम्हारे श्रृंगार हैं।
तुम रति हो तो दुर्गा का रूप भी
तुम्हीं हो ।
रिश्तों को संभालने और
अपनी मर्यादा को जीवित रखने में
जब जिसकी आवश्यकता हो,
उस रूप को निःसंकोच धारण करो तुम।
जो पुरुष अपने लिए,
कांच की चूड़ियों को गाली समझता है
वह खड्ग की धार को भी
वहन करने का अधिकारी नहीं हो सकता।
तुम खड्ग और चूड़ियाँ
दोनों को एक ही साथ,
संभालने में सक्षम हो ।
सुनो ! समय आ गया है कि
कांच की चूड़ी और लोहे के खड्ग को,
पर्याय घोषित किया जाए।

सड़ांध

बासी बचे ब्रेड को
चूहे की तरह धीरे-धीरे कुतरता
कुछ सोचता रहा
अचानक घड़ी की ओर नजर गयी और
धड़कन की रफ्तार कई गुना बढ़ चली
ब्रेड को जैम के साथ चबाते
दांतों की रफ्तार कई गुना बढ गई।
ब्रेड कई दिन बासी थे
गौर से सूंघने पर बदबू भी आ रही थी
मगर सूंघने का अवकाश हो तब न।

दफ्तर में घृणा कि जो बदबू फैली रहती है
कुछ-कुछ वैसा ही गंधाने लगा है यह ब्रेड
यह गंध मस्तिष्क में एक तीव्र पीड़ा उत्पन्न करता है
यही कारण है कि, बिना सूंघे चबाए जा रहा हूँ।

दफ्तर में बौस, बड़ा बाबू, छोटा बाबू, सभी तो गंधाते हैं
सभी के शरीर से उठती रहती है दमघोटू गंध ।
मैं जानता हूं,
अब मेरा बदन भी
कुछ-कुछ वैसा ही गंध देने लगा है
तभी तो गंधाता रहता है मेरा यह कमरा भी ।

क्या पद के अहंकार का गंध
इतना विस्फोटक होता है कि
बिखेर कर रख देता है, मानव के अस्तित्व को

क्या इतना सूक्ष्म होता है कि
कब्जा कर लेता है मानव के रूह पर।

सारे सवालों को परे रख
मैं जल्दी-जल्दी चबा डालता हूँ
पांचों के पांचों सड़े ब्रेड
और दौड़ पड़ता हूँ दफ्तर की ओर ।
माना, दफ्तर में वही दमघोटू गंध
अट्टहास करता हुआ, इस्तकबाल करेगा मेरा
मगर क्या करूं ?
बात जब रोजी-रोटी की हो, तब
मेहतर को साफ करने ही पड़ते हैं
दूसरों के पाखाने ।

प्रेम ही जीवन है

हाँ, ठीक है
नहीं लेता मैं तुम्हारा नाम
नहीं करता तुम्हारी चर्चा कहीं।
एक छोटी सी जिन्दगी मिली
उसमें इतने छोटे लम्हें
और चाहने वाले हजारों हजार
अब तुम्हीं बताओ
यह जिन्दगी, चाहने वालों के लिए
पर्याप्त समय नहीं देती
फिर कैसे याद करूँ
जीवन में मिले अपमान,
घृणा और वैर के भाव।
अनेक प्रेमी-स्वजन हैं
जिनके प्रेम का माकूल उत्तर
नहीं देने दिया है अबतक,
जीवन की क्षुद्र व्यस्तताओं ने
तब यह कैसे संभव है कि
तुम्हारे किए अपमान का प्रतिउत्तर दूंगा मैं ?
जीवन के दिए प्रेम और सम्मान के
मधुर फल चखने में मस्त मेरी काया
तुम्हारे अपमान की निबौरी चखने से
इंकार करती है
जाओ। हो सके तो मुझे क्षमा करना।

सफर के गीत

माना मुश्किल है डगर मगर
चलता भी तो है
दुर्गम है पगडंडी मगर
साथ हमसफर तो है।

पाँव हैं थके - थके
दूर मंजिल अभी भी है
हौसले को क्यूँ भूल गए
पंख उसके भी तो हैं।

सर्द रात है उसपर
खुला आसमान भी है
लहू को गर्म रखने को मगर
हाथों में तेरा हाथ भी तो है।

माना रात है घनी अभी
होने को सवेरा तो है
रास्ता है फिसलन भरा तो क्या
संभलकर चलने का अपना, इरादा भी तो है।

सफर जितना भी मुश्किल हो
साथ बहारें भी तो हैं
इस अंधेरी रात में
टिमटिमाते तारें भी तो हैं।

तुम हो मैं हूँ

और दूर तक पसरा सन्नाटा है
करने को अभी मगर
ढेरों बातें भी तो हैं।

चलो किसी मोड़ पर कहीं
बैठ लेंगे, सुस्ता लेंगे
नए उत्साह से फिर आगे
बढ़ना भी तो है।

हत्या

हाँ, तुम बेशक जला दो
इन पन्नों को
आग लगा दो मेरी कविता को
इसके पर निकल आए हैं
और यह उड़ते-उड़ते जा पहुँची है
सच के तहखाने तक।

सच की यह अंध-कब्र
इसे बनाने में
न जाने कितने वर्ष लगें,
राजनीति, प्रशासन और पूंजीपतियों को
यहाँ कितनी मुश्किल से
दफनाया गया है, सच।
अगर ये पन्नें प्रकाशित हो गएँ
(सार्वजनिक हो गएँ)
अगर यह कविता साबुत निकल गयी
तो कोई भी ऐरा-गैरा पहुँच सकता है
सच की कब्र तक
और हर ओर फैल जाएगा
सच के हत्यारों का नाम।

इसलिए एक मत हैं आज
सरकार और विपक्ष
कि, जला दिए जाएं - ये पन्नें
आग लगा दी जाए इस कविता को।
लेकिन सभी भयभीत हैं इस आशंका से कि

अगर ये काले अक्षर जलकर लाल हो जाएं
और मिल जाये सूर्य की किरणों में
तब क्या होगा?
सोचकर कांप जाती है
सबों की रूह।

सच की यह अंध-कब्र
हर देश की संसद के नीचे दफन है।
अगर सूरज की लाली में
मिल जाएगी
कविता की आग तो ???
नहीं, नहीं यह नहीं होना चाहिए
वर्ना, समूची दुनिया में
एक साथ फैल जाएगी
विद्रोह की आग।
कहीं भी सुरक्षित नहीं बच सकेगी, सरकार
ये तामझाम, यह शासन का खौफ,
ये पूँजीवादी इमारतें
सब नेस्तनाबूद कर के रख देंगे, अवाम।
लोग लौट पड़ेंगे अपनी,
आदिम-अवस्था की ओर।
जैसे भी हो रोक लो कविता को
सत्य की हत्या का रहस्योद्‌घाटन करने से।

सत्ता और विपक्ष ने एक अकाट्य
युक्ति निकाली
यह युक्ति, संकटमोचन साबित हुई है
पहले भी ।

जैसे लोहा लोहे को काटता है
जैसे जहर जहर को काटता है
वैसे ही, कवि कविता की गला रेत सकता है
साफगोई से।
रातों रात इस भयानक कविता के रचयिता
(और भावी हत्यारा)
राज्यसभा में मनोनीत कर लिया गया।

समाज और समाजवाद

जिन लोगों ने
मेरे जूते में कील डाला था
उन्हीं लोगों ने
मेरे रास्ते में मखमली कालीन भी बिछा रखा था
कि, मैं पांव में चुभते कील से आजिज़ आकर
घुटनों के बल बैठ जाऊं
और वे बना सके मेरी तस्वीर।
दिखा सके पूरी दुनिया को
कि, मैं दर्द की इंतेहा से गुजरते हुए
घुटनों के बल आ गिरा और
यह कि,
कील की चुभन और नरम मखमली
कालीन में से
मैंने मखमली कालीन को चुना था ।
मैं चलता रहा,
चलता रहा,
कील पांव में भीतर तक धंसता गया
रक्त के फव्वारे फूटते रहें
वसुंधरा रक्त-रंजित लाल हो चली
लेकिन मैं चलता रहा,
मैंने घुटने नहीं टिकने दिएं कभी
मखमली कालीन पर ।

जिन लोगों ने अन्न छुपा रखा है
अपने गोदाम में,
हमारी जमीनें हड़प ली है

राष्ट्र के विकास के नाम पर,
हमारे जंगल, खेत-खलिहान
सब नष्ट कर डाले हैं
बड़े बड़े शहर बसाने के लिए
उन्हीं लोगों ने,
अन्न के कुछ बोरें और
चंद पैसे भेजे दियें हैं, मुआवजे के नाम पर ।
और वह, वहाँ छिपकर खड़े हैं
उनके दलाल- अखबारची, चित्रकार।
वे बैचैन हैं कि कब हम
हाथ लगाएं,
भेजे गए खैरात को
और वे दिखला सकें कि
हमने भूख से आजिज़ आकर
समझौता कर लिया
भूख के सौदागरों से ।
नहीं, मैं यह इल्जाम कभी नहीं सह सकता
और इसीलिए मैं भूख से तड़पता रहा
एक-एक कर गिरती रही हमारी लाशें
धरती की आंचल छोटी पर गई
हमारे शव समेटते-समेटते
लेकिन हम मरते रहें
हमने सौदा नहीं किया अपनी भूख का कभी ।

जिन लोगों ने हमारे हिस्से में,
वस्त्र के नाम पर, कुछ चिथड़े मात्र छोड़ रखे हैं
वे चाहते हैं कि
हम सदैव अपने बदन पर लपेटे रखें

इन चिथड़ों को ।
हमारी नग्नता तमाचा है, उनकी सभ्यता पर
और वे बचाए रखना चाहते हैं
हमें नग्न होने से
ढांप देते हैं अपने फटे-पुराने
कपड़ों से हमारे बदन ।
उनके चित्रकार बंदूक की तरह
तूलिका ताने खड़े हैं
कि कब हम भीख में मिले कपड़े पहने
और वे बना सकें हमारी तस्वीर
ताकि दुनिया को दिखा सके
कि, अपनी सभ्यता बचाए रखेंगे वे
किसी भी कीमत पर ।
और यह कि हमने अपने बदन पर ओढ़ रखी है
उनके दया की भीख ।
नहीं,
मैं कभी दया की भीख लेने का रास्ता
नहीं स्वीकार सकता
और इसीलिए, मैं नंगा बदन
घूमता रहता हूँ
समूची दुनिया में ।
बनने को आज अंबर भी तैयार है मेरा वस्त्र
लेकिन, किसी की दया से दिगंबर बनना भी
मंजूर नहीं मुझे ।

लकड़बग्घा

ऐसा सुनता आया हूं कि
जनरल डायर
हां, वही जालियांवाला बाग में
निहत्थी भीड़ पर गोलियाँ चलवाने वाला
जनरल डायर
अपने जीवन के अवसान में अनगिनत रातें
जागकर गुजारी थी
सो नहीं पाता था वह
क्या आपने सुना है ?

खैर, वह तो अंग्रेज था
हां, हां, गोरा अंग्रेज ।
अच्छा, वह लकड़बग्घे जैसा
चितकबरा जनरल डायर याद है
अरे...वही, जो आए दिन लाठियाँ चलवाता है हम पर
हम जब-जब अपने अधिकार की आवाज उठाते हैं
वह पीटने चला आता है हमें
सड़क पर, चौराहे पर, मैदान में,
शहर में, गांव में, यूनिवर्सिटी में,
हर जगह
सुना है बड़े मजे में सोता है वह लकड़बग्घा
ल...क...ड़...ब...ग्...घा...सा...ला...।

शासन और भूख

शहर कोतवाल ने कड़क कर पूछा,
तुम कौन हो ?
मैंने बुझी आँखें सामने रख दी ।
उसने कहा, तुम्हारी पहचान क्या है ?
मैंने भूखा पेट उघार दिया ।
उसने पूछा, तुम्हारी कौम क्या है ?
मैंने छालों से भरी हथेली फैला दी ।
उसने गुस्से में तमककर पूछा,
कहाँ से आया है ?
मैंने कटे पाँव हवा में लहरा दिये ।

उसने बंदूक निकाली,
साठ रूपये की गोली दाग दी
मैंने दो रूपये की रोटी
आकाश में उछाल दी।

प्यार का मतलब

बाबू ! तुम प्यार का मतलब जानते हो,
प्रेम को परिभाषित करते हो,
लैला-मजनूं, हीर-रांझा, लाखों किस्से जानते हो,
तुम अलग हो बाबू
तुम्हारी दुनिया अलग है।
मैं अपने बारे में बतलाऊं सुनोगे ?
मैं प्रेम नहीं करता
हमारी दुनिया में प्रेम है ही नहीं
यहाँ है तो बस...
ओ, क्या कहते हैं उसे...
हाँ...जिम्मेदारी।

साढ़े तीन साल बाद आया था बिहार
आज लौट रहा हूँ हैदराबाद
एकइस दिन की छूट्टी में,
चौदह दिन रहा गाँव में
इसी में खेत-खलिहान, रिश्ते-नातें सब देखना था।

शादी के बाद आठवें दिन चला गया था
इस बार ठीक से देख सका 'उसे'
खूब बात की रात-रात भर।
माय बनने के बाद
खूब गोरा गई है रूपीया,
पीठ-बांह सब चिकना गया है
बहुते अच्छी लगती है...
आप देखते तब कहते।

खूब रो रही थी, साथ आने का जिद कर रही थी
बहुत मनाया तब जाकर राजी हुई ।
ओ... इसबार एक साड़ी और
पायल लेते आया था...छुपाकर
घर में पता चलता तो सब कहते...
ही ही...ही..मऊगा...।
सात सौ रुपईया दे दिए हैं अलग से
नुकाकर...नहीं त सब कहता
ही ही...ही, हें हें...हें...
अब फेर तीन-चार साल में आना होगा
इसबार मालिक से कहेंगे पइसा बढ़ाबे ला
सोनूआ के पढ़ाबे-लिखाबे पड़ेगा न
फेर ऊहो हाकिम बन जाएगा
ऊहो पढ़ेगा लैला-मजनूं, हीर-रांझा के किस्सा।

अच्छा लगता है आपका स्टेशन आ गया
उतरीयगा...? अच्छा परणाम।

अलविदा

तुम जा रहे हो?
हाँ, तो फिर जाओ न
चुपके से।
आधी रात को यूँ विदा लेने क्यों आ पहुँचे?
तुम्हारे कदम थके-थके से जान पड़ते हैं,
कहीं तुम, अपनी करतूतों से शर्मिंदा तो नहीं हो ?
हाँ, भाई जानता हूँ,
कष्ट खड़ी करने में, कोई कसर नहीं छोड़ी तुमने
पर भूल जाओ उसे
सुख भी तो अपार दिए हैं तुमने ।
अब आंसू मत बहाओ
जाना है, चुपचाप चले जाओ ।
तुम्हारा आना भी अजीब था,
आधी रात को चले आए थे चुपचाप
तेज हवा से कैलेंडर फड़फराया
और तुम चुपके से घुस बैठे
मुझे सोता जान ।
और आज फिर आधी रात को
नींद से जगाने चले आए हो मुझे ।

फिर कभी आकर ले जाना अपना हिसाब
तुमने कितने दुख दिए और सुख कितना
यह लिखकर तो नहीं रखा है मैंने
हाँ, इतना कह सकता हूँ
जैसी कटी, अच्छी कटी ।

अच्छा रुको !
किस रास्ते से जाओगे ?
याद है न, उधरवालों को खूब सताया है तुमने
जाते-जाते चुपके से
बिना आहट किए
चंद कतरें लुढ़का जाना उनकी ओर ।
फटी लिहाफ हटाकर
धीरे से देख लेना, उनके मुरझाए चेहरों को ।
और हाँ,
रास्ते में मिलेगा तुमसे वह नव-आगंतुक
उससे कहना, चुपचाप आए
ज्यादा इठलाए नहीं
अनगिनत लोग ऐसे हैं
जिनके जख्म सूखे नहीं हैं जो तुमने दिए हैं ।
उससे (नव-आगंतुक) कहना,
हो सके तो उनके जख्मों को सहला दे ज़रा ।
अच्छा अब जाओ ...
अलविदा !

सम्पूर्णता की तलाश

मैंने पहले भी कई बार कहा है तुमसे
इस आधेपन से घृणा है मुझे ।
नहीं चाहिए तुम्हारा यह आधा-अधूरा प्रेम
आधे दिन की चाहत
आधी रात का आलिंगन
और तुम पर आधा अधिकार ।
जीवन में सदैव त्रस्त रहा हूँ
इस आधे सच्च और आधे झूठ से
हर एक इंसान आधा अपना निकला
आधा पराया
हर एक दोस्त आधा दुश्मन
हर एक दुश्मन आधा दोस्त मिला ।
समझ नहीं पाता
आधा भरा हूँ या आधा खाली
या आधा भरा और आधा खाली ।
मैं खुद को आधा आस्तिक पाता हूँ आधा नास्तिक
आधा इंसान हूँ आधा पशु
आधा जिंदा हूँ आधा मृत
आधा आधुनिक हूँ आधा पुरातन
और सच कहूँ तो मैं और मेरा वजूद
आधा है और आधा नहीं ।
उस पर तुम्हारा आधा प्रेम
आधा समर्पण
नहीं, अब यह आधा मैं अस्वीकार करता हूँ
न तो मुझे आधा प्रेम स्वीकार है न ही आधी घृणा
न आधा दिन न आधी रात

न आधा जीवन न आधी मृत्यु
न आधा सच न आधा झूठ ।
और यह आधी आजादी,
आधा लोकतंत्र,
आधा समाजवाद,
अब और स्वीकार नहीं मुझे
मुझे संपूर्णता की तलाश है
सं...पू...र्ण...ता...।

गुनगुनी धूप

कितनी प्यारी है यह गुनगुनी धूप
ठंड से सिहरते बदन पर
माँ के कोमल स्पर्श-सा सुखद
पिता के छत्र सा विराट है यह धूप ।
बरसों बाद मैंने महसूस की है इसे
इस महानगर में धूप भी खिलती है,
पता ही कहाँ था
जब से आया हूँ,
फैक्ट्री की खतर-पटर के सिवा
कुछ दिखा ही नहीं ।
सुबह के घुसे कहीं शाम ढले निकलता हूँ
और फिर वही सिलनभरा बदबूदार कमरा
यही तो है हमारी महानगरीय जिंदगी ।
छुट्टी होती है रविवार को लेकिन
हमसे ओवरटाइम का मोह छूटने कहाँ पाता है
वही तो हमारे पूरे सप्ताह की बीड़ी का इंतजाम है ।
आज नगर में हड़ताल है
चारों ओर चक्का जाम है
निकल आया हूँ मैं, मनुआ,
सरबन और ईशर के साथ
मकान के पीछे वाले मैदान में।
वैसे तो पूरे मैदान में गंदगी है,
चारों तरफ दौड़ते सूअर हैं,
लेकिन, माँ के कोमल स्पर्श-सी यह धूप
आह अद्भुत।

नक्सलवाद

एक भव्य संघर्ष के बाद
पाई गई वह आजादी
कितनी खोखली थी
जिसने नंगे को नंगा और
भूखे को भूखा ही रहने दिया ।
इसी नंगेपन और भूख ने
जन्म दिया था, नक्सलवाद को
जिसे दबाने के लिए
हमारी सरकार ने,
हर बदलती सरकार ने
उसकी नाजायज औलाद - अफसरों ने
और समाज के ठेकेदारों ने
जिस अमानवीय कृत्यों का
नंगा नाच दिखलाया
उससे हैवानियत भी दंग रह गई ।
धरती के प्रिय पुत्रों को
जिस गुमनामी की जिंदगी
और मौत मिली
वह आज भी जल रूपी आंसू से
निमग्न कर जाती है वसुंधरा को ।
इतिहास कुछ भी कहे
धरती अपने हर चित्कार में
पुकार लगाती है -
मुझे अपने हक के लिए
गुमनाम मारे गए मेरे पुत्र (नक्सलवादी)
अपने लहू से सिंच गए हैं,

वे कितने भी गुमनाम हों
इतिहास उन्हें निकाल फेके मगर
इतिहास में नामधारी
बड़े से बड़े सूरवीरों से कहीं अधिक
प्रिय हैं वे मुझे ।

दिनचर्या

यकीन मानिये मैं अभी बिल्कुल अभी
लौटा हूँ घर
किराये के कमरे को घर तो क्या कहेंगे
लेकिन कहने को और कुछ बचा भी तो नहीं ।
दफ्तर से छूटकर आने के बाद
बदन तो ऐसे दुखता है, जैसे
अजगर की फांस से छूट कर आया हो इंसान ।
कपड़े-जूते बेतरतीब उतार कर फेंक देता हूँ
यह देखकर राहत पहुँचती है कि
नल में पानी भी है और
बिजली भी मौजूद है ।
पता नहीं आज शायद
मकान मालिक का मिजाज ठीक हो ।
इतना होश तो बचा नहीं कि
खुद से खाना बनाकर खा सकूं
किचन में झांकने पर दो-तीन ब्रेड पड़े दिखें
जो शायद तीन या चार दिन बासी थे
जैम लगाकर पानी के साथ उसे निगला और
बिस्तर पर निढाल सा गिर पड़ा
सुबह फिर वही बदन और मिजाज तोड़ देने वाली
दिनचर्या दुहरानी है।

थोड़ी सी आग

थोड़ी सी आग
थोड़ा सा पानी और
अन्न के कुछ दानें
चाहिए मुझे,
मेरे जीवन के लिए।
कुछ कपड़ें
एक खपरैल और
खिलखिलाते बच्चें
चाहिए मुझे,
मेरे सुख के लिए।
मैं चाहता हूँ
बस इतना दे दो मुझे
बाकी की दुनिया तुम रख लो
मैं निःस्वार्थ खिलखिलाते
बच्चों की हंसी को
अपनी जमा पूंजी की तरह
संजोए रखना चाहता हूँ
मेरे जीवन के लिए।

कविता का जन्म

कितना मुश्किल होता है
महसूस करना
उस बेचैनी को
जो अंजान रहकर भी
किसी छिद्र से गुजरती हवा की तरह
सांय-सांय गूंजती रहती है दिलो-दिमाग में
सुलगता रहता है तन-बदन
कि जैसे तेज बुखार से
तप रहा हो समूचा अस्तित्व ।
एक पीड़ा जो सुखद-दुखद अनुभूति से परे रहकर
नसों में दौड़ती है,
टीस बनकर उभरती है
जैसे गुज़र रहा होऊं असह्य प्रसव-वेदना से
मन झूंझला उठता है
रोंगटे सिहरते रहते हैं
बार-बार बदन ऐंठता है
जैसे वर्षों की थकान हावी हो ।
खींझ उठता हूँ बार-बार
कभी खुद का केश नोंचता
कमरे में पागलों सा दौड़ता
सोचता दीवारों से टकरा जाऊँ
हवा से बलगांही कर
खिड़की के रास्ते निकल भागूं
या फर्श से चिपका रहूँ
छिपकली की तरह ।
पागलपन के इस दौरे को

झेलना जब मुश्किल हो जाता है
तब एक गहरी बेहोशी के बादल पर तैरता
बेसुध हो लुढ़क जाता हूँ कहीं
और जब सुबह उठता हूँ तो
देखता हूँ कि
बगल में किसी नवजात शिशु-सी
लेटी है एक नवसृजित कविता।

किसका हिन्दुस्तान

आप चकित न हों
न मुझसे कहने में कोई भूल हुई है
न आपसे सुनने में।
मैंने बिल्कुल सच और स्पष्ट कहा
मैं घृणा करता हूं सरकार से
उस सरकार से, जो मुझे
राष्ट्रवाद, जाति-धर्म, मंदिर-मस्जिद,
भगवा-गाय के नाम पर बरगला
पूंजीपतियों के स्वार्थ-हित में लगी रहती है।
जो कभी राफेल तो कभी बुलेट ट्रेन की
सौदेबाजी करती है ।
मेरी आंखों के सामने जो है उसे झुठला कर
मैं किसी की जुमलेबाजी पर
सर नहीं झुका सकता।
कैसे नजरें फेर लूँ उन से जो
मेरे आस-पास, ट्रेन की बोगियों में
सूअर के दबरे की तरह
ठूंसे पड़े हैं?
क्या यह हिंदुस्तान नहीं है,
क्या हिंदुस्तान इससे अलग कहीं है ?
और अगर हमारा हिंदुस्तान
ट्रेन के डिब्बों में भर-भर कर
शौचालय के ईद-गिर्द
दुर्गंध से फटते नाक को कपड़ों से ढक कर
चार-चार दिन सफर करने को विवश है
तो मुझे लगता है इस हिंदुस्तान की सूरत को

बदलने की जरूरत है ।
और अगर इसके इतर कोई हिंदुस्तान है
जिस हिंदुस्तान से
हमारी सरकार प्रेम दिखला रही है, तो
मैं निःसंदेह कहता हूँ
वह कोई दूसरा हिंदुस्तान है ।
सवा अरब जनता का हिंदुस्तान
वह नहीं हो सकता है।

मुझे कोई बतलाए
कैसे नजरें झुका लेता
जब एक ओर देखता हूँ
हमारे देश के युवक-युवतियां हनीमून मनाने
जन्नत जैसे शहरों में जाते हैं
अनगिनत दौलत लुटाते हैं;
दूसरी ओर मेरी नजरों के सामने
वह नवविवाहिता है, वह युवक है,
जिनके हाथों की मेहंदी अभी छुटी नहीं है
और गाँव से दिल्ली जाने के लिए
अठारह घंटे, शौचालय के दरवाजे पर
कभी बैठ कर तो कभी खड़े होकर
सफर करने को विवश हैं।
उनके जेब में पैसे नहीं ठूंसे पड़े हैं
उनके अकाउंट में करोड़ों का बैलेंस नहीं;
उनके पेट में जो रोटी की भूख है
परिवार की जरूरत है
उसकी भरपाई के लिए वे
मजदूरी करने जा रहे हैं।

मैं चुपचाप एक ओर खड़ा
उस युवती के सुंदर मुखड़े को
और उस पर उभर आने वाली पीड़ा को
देखता हूँ,
हरेक स्टेशन पर उमड़ पड़ने वाली भीड़
उसके पैरों को कुचलती है
लोगों के पीठ पर लदे बैग
उसके चेहरे को खरोचते हैं
वह सहमी-सहमी
कोने में दुबकती जाती है।
किसी के अरमानों को कुचलने का यह अधिकार
मैं, मेरे हिंदुस्तान को नहीं दे सकता
मेरे हिंदुस्तान को बदलने की जरूरत है
दो हिंदुस्तान, एक हिंदुस्तान में
अब बर्दाश्त से बाहर है।

अचंभा

आज शाम, बाजार से लौटते में
देखा मैंने, वहाँ स्टेशन के पास वाले टिले पर
बीस-पच्चीस मुर्गे एकत्र हैं
मंत्रणा कर रहे हैं आपस में
मैंने जिज्ञासावश छुपकर सुना
उसका लीडर कह रहा था,
हमारा ही बांग सुनकर निकलता है सूरज
फैलती है रोशनी, होता है सवेरा
कल से हम अपना महत्व जमाने को बताएंगे
सूरज को हम नहीं बुलाएंगे ।
अगली सुबह मुर्गों ने बांग नहीं दी
और यकीन मानिए
उस दिन सूरज नहीं निकला।

दो वर्ष चार महीने सत्रह दिन

पूरा कमरा भर गया है
असह्य दुर्गंध और सीलन से
यह बात मुझे उस भिखारी ने बतलाई जो
आज आया था भीख मांगते हुए मेरे घर तक
मैं दिन-रात रहता हूँ कमरे में
मगर मुझे पता ही नहीं चला
आश्चर्यजनक होते हुए भी सच यही है।
कमरे में दुर्गंध और सीलन क्यों न हो
पूरे दो वर्ष चार महीने सत्रह दिनों से
मैंने अपने कमरे की खिड़कियाँ - दरवाजे
बंद कर रखे हैं
कमरे से बाहर कम ही निकलता हूँ
और फौरन वापस लौट आता हूँ
बाहर की दुनिया मुझे स्वीकार नहीं पाती
मैंने केस-दाढ़ी कटवाने छोड़ दिए हैं
नहाता भी कभी-कभी ही हूँ
हाँ, खाता हूँ भरपेट कई कई बार
फटे पुराने कपड़ों में लोग पागल समझते हैं
सोचता हूँ लोगों से चीख चीखकर कहूँ
मैं पागल नहीं हूँ
लेकिन कौन सुनेगा मेरी बात ?
तुमने भी तो नहीं सुनी थी,
दो बर्ष चार महीने सत्रह दिन पहले
मैं रोकता रहा, पुकारता रहा,
गिरगिराता रहा, मिन्नते की
लेकिन तुमने सुनी ही नहीं।

आज पूरे दो वर्ष चार महीने सत्रह दिन बाद
अपनी चेतना समेटकर
भीतर कहीं दूर बिखर चुके साहस बटोर
पूरी ताकत से खोल दी है सभी खिड़कियाँ मैंने
सांझ की लाली कमरे में दौड़ गई है
मन फिर से बेचैन हो उठा
समझ नहीं पाता क्या करूँ
तुम्हें चिट्ठी लिखकर मन शांत होता तो है
लेकिन अब चिट्ठी लिखना भी अच्छा नहीं लगता
वह डाकिया भी मुझे पागल समझने लगा है
कहता है, 'तुम पागल हो
बिना पते की चिट्ठी लेकर
क्यों आ जाते हो बार-बार ?'

सुबह का प्रणाम

सुबह उठता हूँ और देखता हूँ कि
सूरज ने चहुँओर दीपक जला रखा है
मंद बयार जागरण का संदेश फैला रही है
पक्षी काम पर जा चुके हैं
और सुबह-सुबह कई खेत
जुते दिख रहे हैं
नजर ज़रा दूर जाती है
और पाता हूँ कि
सड़कें काफी साफ हैं
नालों से गंदगी उगाही जा चुकी है
मैंने जो कचरा रखा था रात को
हटाया जा चुका है
कुछ गाड़ियाँ सावधानी से
मासूम खिलखिलाते बच्चों को
स्कूल छोड़ने जा रही हैं
आस-पड़ोस की औरतें
रसोई बनाने या बर्तन-कपड़ा धोने में
तन्मय हैं
मैं बिना देर किए
हाथ जोड़कर प्रणाम करता हूँ
सूरज को, मंद बयार को,
पक्षी को, किसान को,
मजदूर को, कामगार को,
डोम को, चमार को,
ड्राइवर को, खिलखिलाते बच्चों को,
धरती को और विराट स्वरूपा स्त्री को ।

जिजीविषा

थोड़ी खुशी और बहुत अचरज हुआ
यह देख कर कि
मेरे मोहल्ले का वह बुजुर्ग
अभी भी अपनी बदहाली में जिंदा है।
दो बरस पहले
जब मैं उन्हें देखकर शहर गया था
यही महसूस किया
अब ये कुछ महीनों से ज्यादा नहीं जीने वाले
लेकिन उन्होंने कहा था-
अभी मेरी जिंदगी लंबे अरसे तक चलने वाली हैं
'भीष्म याद है तुम्हें,
जिसने मृत्यु को अपने बस में कर रखा था?'
मैं वैसा योद्धा तो नहीं लेकिन
मेरी जिजीविषा कतई कमजोर नहीं।
मेरे पाँच पुत्र हैं
और मैंने संकल्प कर रखा है
मैं दम तोड़ूगा तो उसी समय जब
वे पांचों मेरे पास होंगे
और मैं जानता हूँ
वह दिन आना कितना मुश्किल है।
जब से गए हैं मेरे बेटें, गाँव छोड़कर
कभी एक तो कभी दूसरा आता
तीन-चार दिनों में वापस चला जाता।
मुझे शिकायत उनसे नहीं
क्योंकि जानता हूँ
गाँव में उनके पास

जीविका का साधन नहीं हैं
शहर में वे जीवन के प्रति संघर्षरत तो हैं
यहाँ तो संघर्ष करने को कुछ बचा ही नहीं।
मुझे याद नहीं अंतिम बार
कब इकट्ठे मेरे पास आए थे सभी
शायद तब जब उनकी माँ का निधन हुआ था।
वह भी बाट जोहती रही थी
एक बार, सिर्फ एक बार
अपने सभी पुत्रों को एक साथ देख ले
फिर खुशी से मृत्यु के रथ पर सवार हो चले
उसकी जिजीविषा शायद कमजोर थी
उसकी प्रतीक्षा डगमगा गई
सभी पुत्रों को एक साथ देखने से पहले ही
मृत्यु की गोद में समा गई।
उसके जीतेजी तो सभी आ सके नहीं
हाँ, उसके मरने के बाद,
बर्षों बाद, जमा हुए थे वे।
लेकिन मैं अपने संकल्प पर अडिग हूँ
मैं तब तक मृत्यु को टाले रखूंगा जब तक
वे एक साथ मेरे पास नहीं आतें
मैं मरने के बाद
उन्हें अपने पास देखने की तमन्ना
नहीं कर सकता
मुझे तो जीते जी उन्हें देखना है।'

पेड़ की जिन्दगी

मैंने कुल्हाड़ी पेड़ पर चलाई
और वह खिलखिलाकर हँस पड़ा
उसकी हँसी में एक व्यंग
एक मारक कटाक्ष छिपा था
जैसे वह कह रहा हो-
इस नादान मनुष्य ने फिर से
कुल्हाड़ी अपने ही पाँव पर चलाई है।

मैंने कुछ पेड़ों का सौदा किया
बच्चों की परवरिश के लिए
कट कर जाते हुए पेड़ ने
चंद कतरे आंसू बहाएं
मेरी नादानी पर
जैसे सोच रहा हो-
बच्चों की परवरिश के बाद
उनके जीवन के लिए
वह हमें पागलों सा पुकारेगा
हमें तलाशने का अथक प्रयास करेगा
लेकिन हम फिर कहाँ मिलने वाले ?

मैंने जंगल साफ करवाए
मकान बनाने को ।
उस मकान में मैंने चिड़ियों को,
गिलहरियों को,
प्यारे फुदकते बुलबुल को, बुलाना चाहा
उन्हें खूब ललचाया, पुकारा, रिझाया

लेकिन वे मुझसे ऐसे बिगड़े थे
जैसे कोई अपना प्यारा घर
उजाड़ने वालों से बिगड़ता है।
कभी माफ नहीं किया उन्होंने मुझे
मेरे लाख पुकारने पर भी वे लौटकर नहीं आएँ
जैसे वे कह गए हों-
तुमने मेरा नहीं अपना घर उजाड़ा है
और घर उजाड़ने वाले को
प्रकृति माफ नहीं करती।

सड़क किनारे उदास खड़े पेड़ को देखकर
मैंने कहा, 'हमेशा अपनी मस्ती में डोलने वाले
तुम आज इतने गुमसुम से क्यों खड़े हो ?'
उसने कहा, 'सड़क को चौड़ी बनाने के लिए
कल मुझे काट दिया जाएगा।'
मैंने कहा, 'जो इस धरती पर आया है
मरना तो सभी को है
क्यों कल आने वाली मौत के लिए
आज आंसू बहा रहे हो ?'
भावविह्वल शब्दों में जैसे
अपनी पीड़ा उलेर कर कहा उस वृक्ष ने -
'मैं तो सदियों से कटता आया हूँ
अपनी मौत पर कहाँ कभी रोया हूँ
मेरा कटना अगर मेरी मौत होती
मैं खुशी से कटता चला जाता
मैं जानता हूँ, मुझे काटने वाले नहीं जानते
मेरा कटना किसकी मौत है।

बचपन जवानी बुढ़ापा

इस बचपन और बुढ़ापे के बीच
सचमुच कुछ आता है क्या ?
मैं निरंतर ढूंढता हूँ उस कड़ी को, जिसने
मुझे बचपन से बुढापा तक लाया ।
मजदूर पिता ने बचपन में जो खिलौने दिए थे
उसमें खिलौना नहीं था
काम से बेकार पड़ा सामान था,
जिस पाठशाला में भेजा गया
वहाँ पढ़ाई नहीं सिर्फ खिचड़ी थी,
बारह वर्ष की उम्र में मैंने काम पकड़ा था।
बीते समय के साथ जवानी नहीं आई
आएं तो, बीवी, बच्चे और बुढ़ापा
जवानी ने आंह नहीं भरी, अंगराई नहीं ली
न ही अरमान मचलें।
इन तीन बच्चों का जनक भी
यौवन का उन्माद नहीं
एक सामान्य थका हुआ जीवन है।
दस-बारह घंटे मजदूरी के बाद
पत्नी का यौवन भी बोझ लगता है,
बच्चों की ठिठोली अनजानी और
उसकी बोली बेगानी लगती है ।
दिन भर रिक्शा नहीं पाताल से
अपने लिए सांस खींचता हूँ
शाम को सस्ती शराब पीता हूँ ।
सच कहूँ तो पहले थकान मिटाने को पीता था
अब जिस्म में सिर्फ शराब ही बचा है।

आँखों से अब धुंधला दिखता है
अठाईस वर्षीय पत्नी के चेहरे पर
झुर्रियों का पहरा लगता है ।
दो बच्चे चिथड़े में नंगा बचपन गुजारते हैं
बड़ा पिछले वर्ष से काम पड़ जाता है
बिना जवान हुए वह भी
बुढापे को घर बुलाता है।
आज चालीस वर्ष की अवस्था में निढ़ाल हूँ,
परेशान हूँ, बुढापा से लड़ता हुआ
मौत का मोहताज हूँ
बिना जवानी देखे बुड्ढा हुआ इंसान हूँ ।

कवि

भूखी जनता जब रात में बेचैन हो
छटपटाती, कराहती आह भरती है
उस समय, यामिनी की निस्तब्धता के बीच
उस बेवसी को महसूस करता है कवि।
देश-समाज की रक्षा का
जिनके कंधों पर है जिम्मेवारी,
वही लगते हैं बेचने जब देश को;
प्रजातंत्र के नाम पर, प्रजा को
मूर्ख बनाता है जब राजनीति का दलाल,
तब जनता को उसके अधिकारों से
अवगत कराता है कवि।

मानव के खंडित अंग को
जोड़ने का काम करता है चिकित्सक
लेकिन खंडित होता है जब हृदय
प्रेम से उसको सहला -
"तुमुल कोलाहल कलह में
मैं हृदय की वात रे मन"- कहता हुआ
'प्रसाद' बन प्रकट होता है कवि।

अत्याचार होता जब किसी मजलूम पर
अधिकारों से वंचित किसी कर्ण को
घेरने लगता है, विषमता का नैशंधकार
तब तिमिर को दूर कर,
फैलाने को नयी जहाँ में रोशनी
'दिनकर' बन उदित होता है कवि।

मजदूर, गरीब, किसानों पर
पूंजीपत्तियों का बढ़ता जब जुर्म है
बेबस तड़पते लोगों को
रहती क्रांति का इंतेजार,
तब बादलों को हाँक लगाता,
क्रांतिदूत बनकर आता है कोई 'निराला' कवि।

धर्म के नाम पर मचती है जब लूटपाट
रिश्ते सभी हो जाते हैं बे-बुनियाद
ऊँच-नीच की बनने लगती है खाई
अनैतिक मूल्यों की होने लगती है बड़ाई
तब मर्यादा को राम का रूप दे
समन्वय की कलम पकड़,
उच्चादर्शों की स्याही बना
'तुलसी पत्र' पर
मानव-मूल्यों की प्रतिष्ठा करता है कवि।

मानवों का विशेष आविष्कार है भाषा
उसी को अपना औजार बना
इंसानियत के अंतर्तम को झकझोरता
हृदय के जज्बातों को जगा
इंसान को, इंसान बनाए रखने की चाह में
नित्य नवीन कविता गढ़ता है कवि।

भंवर

बाजार की वस्तुओं का निरीक्षण कर
मेरी दृष्टि गई जिस ओर
उधर जाने से, वर्षों से कतरा रही थी
शायद उसे एहसास था कि
उस पार कुछ ऐसा है,
जो आन्दोलित कर देगा मुझे
और सत्य निकला पूर्वाभास।
हृदय को बहुत भीतर तक बेंध गई,
उस बेबस वृद्ध की ज्योतिहिन आँखें
देखते ही उसे कांप उठा मैं
नज़र मिलते ही कुछ कहने लगी,
अनेक सवाल करते हुए
मेरे अंतर्मन को उलझाने लगी,
वह आँखें।
और मेरा मन, यूँ उलझता गया
उन सवालों के जाल में,
जैसे श्रीराम के मुख में प्रवेश कर,
फिर भंवर में फंस गया हो भूषुण्डि कोई।
आँखों के रास्ते, उसके हृदय की गहराई में उतर
उस दिव्य लोक में पहुँच गया मैं
जहाँ गरीबी और अपूर्णता में हीं संतोष पलता है।

एक जोड़ी आँखें, उस वृद्ध की
मौन होकर भी,
व्यथा-कथा कह रही थी सारे जमाने की।
उसकी टूटी-फूटी ठेली पर थे-

कुछ बासी टमाटर, गोभी,
झुलसी पालक और मिर्च
जिसे लिए, न जाने कब से
किसी ग्राहक की बाट जोह रहा था
वह कंकाल रूपी वृद्ध।
प्रतिक्षारत आँखें उसकी, कहने लगी कुछ
मन की बातें
बतलाने लगी बेहाली की कथा-
घर में बीमार पत्नी, जवान बेटी राह देख रही होगी
उसके आने की, कुछ धन की
जिससे, घर की, भूख से तड़पते उदर की
बारिश में टपकते खपरैल और
जवान बेटी की शादी का
कुछ बंदोबस्त हो सके।
इतने ही में उन आँखों ने फ़रियाद की
कुछ सामग्री खरीद लेने की
मैंने बढ़ाए कदम उसकी ओर और अचानक
स्तंभित-सा देखता रह गया
एक जोड़ी आँखें
देखते-ही-देखते परिणत हो गई
अनेक जोड़ियों में
जिधर भी नज़र जाती, हर तरफ़
उदास, दुःख में डूबी, घर परिवार की चिंता में बेचैन
आँखों की जोड़ियाँ नज़र आती।

लड़की का पिता

एक लड़की का पिता हूँ मैं
सात वर्ष की है मेरी पुत्री और
उतने ही दिनों का है मेरा डर
मुझे जानवरों से लगता है भय
कुत्तों, भेड़ियों, लकड़बधों से,
डर नहीं लगता मुझे
उनसे बचा सकता हूँ मैं, अपनी बच्ची को।
मुझे भय लगता है उन जानवरों से
जो मेरे इर्द-गिर्द, मेरे घर में,
मेरे समाज, मेरे आस-पड़ोस में,
मानव रूप में घूमते रहते हैं।
उनसे कैसे बचाऊँ मैं अपनी लाडली को?
पता नहीं वे कब, कहाँ, कैसे बैठे हो घात लगाकर
शायद शैतान भी शर्मा जाए
इंसानों का यह रूप देख।
एक पल को भी ओझल होने देता नहीं
मैं अपनी आँखों से उसे।
किसके भरोसे पर छोरु
मैं अपनी लाडली की कोमलता को
क्या किसी के पास नहीं है उपचार, मेरे भय का ?
सिर्फ मुझे ही नहीं, मुझ जैसे अनगिनत पिता को
सालता है यह सवाल।
आए दिन की घृणित घटनाओं से
कांपता रहता है, पिता का दिल
भयभीत है माता की ममता
रोता है भाई का मन

सवाल करती रहती है मेरी लाडली की आँखें।
अदृश्य भय से जुझता
भय के साये में जिने को
मजबूर है लड़की का पिता।

किसान

निगाहें जब भी चाँद की ओर उठी
रोटी की चाहत बरकरार रही
गरीब की पेट बड़ी या आसमान बड़ा
बस यही एक सवाल रहा।
चाहता मैं भी था, गुलाब की खेती करना
गेंहू की भूख हमेशा मेरे साथ रही।
कोशिश की राजा-रानी की लिखूं दास्तान
मगर, भूखे-नंगों की भीड़ मेरे आस-पास रही।
कर लेंगे बागीचों की सैर कभी
अभी तक मेरी निगाह में बस खेत और खलिहान रहा।
खाक छानने की जरूरत कहाँ थी
मंदिरों की मुझे
मिट्टी में तपता मेरा भगवान रहा।
कभी चाहत ही नहीं की, सत्ता की
दो जुन की रोटी ही मेरी बिसात रही।
चाहूँ तो पलट सकता हूँ,
ताजो-तख़त को भी मैं
दुनिया की भूख, मेरी मुट्ठी में बंद रही।
भूख मिटाने को लड़ता हूँ प्रकृति से मैं
हक के लिए लड़ने का कहाँ अवकाश रहा।
चल जी भर गया अब दुनिया से 'अमित'
कहाँ अब 'भारत माता ग्रामवासिनी' रही।

मशीनी मानव

जीवन पर विज्ञान की बढ़ती दबिश ने
आज के मानव को मशीनी बना दिया है
हाँ, मात्र मशीन, जिसके पास
खाना है, पर भूख नहीं,
बिस्तर है, पर नींद नहीं,
सीना है, पर दिल नहीं
धड़कन है, जज्बात नहीं...।
शिक्षा है ज्ञान नहीं,
सूचनाओं के भंडार से
इतना भरा, दबा है मस्तिष्क
कि चिंतन का अवकाश नहीं।
दृष्टि नहीं, सृष्टि नहीं,
इन्सान और हैवान में
फर्क करने की तहजीब नहीं।

रिश्ते हैं, पर उनमें जान नहीं
आचरण में ईमान नहीं।
करणीय, अकरणीय का विवेक नहीं
माँ-बाप का सम्मान नहीं,
यंत्रचालित सा आचरण,
बनावटी व्यवहार,
न वह अह्लाद, न अनुराग, न उमंग
औपचारिकताओं से बोझिल हैं रिश्ते
मशीनी हो गए हैं अंग-अंग
क्योंकि मशीन की हरकतों में जज्बात नहीं ।
भौतिकता की तलाश में

खुद को खोता जा रहा है इन्सान
क्योंकि इन्सानियत के बिन इन्सान
मशीन ही तो होता है।

इनसान

लाशों से पटा हुआ शहर
आग में जल रहे घर
सड़कों पर बिलखते बच्चें,
रो-रो कर सुख चुकी आँखें
अट्टहास कर रहा है
हथियारों से लैस इनसान।

जियो और जीने दो का नारा
हो गया है बहुत पुराना
अब धर्म देता है उपदेश
मानवता को मिटाने का संदेश।
क्योंकि धर्म को गढ रहे हैं,
लाशों के व्यापारी इनसान।

मारे जा रहें, मानवता के रक्षक
मानव की आवाज़ के संवाहक-
कवि, पत्रकार, शिक्षक, चिकित्सक।
स्वार्थ वश जिन्होंने आतंक को गढा,
उन्हें भी नहीं बख्शा,
आतंक को धर्म मान चुका इनसान।

नित्य इजात किए जा रहे है
आधुनिक हथियार
समाज से मिटाया जा रहा है
मानवीय व्यवहार
यह कैसी शिक्षा दे रहा है विज्ञान -

आज तक नहीं दे सका,
किसी मृतक को जान
उपलब्ध करा रहा है, केवल
मौत का सामान।
क्या बंदूक बनाने वाले को नहीं था ज्ञान
कि इससे, एक-दूजे को मिटा देगा इनसान।

मानवता सिखलाने वाली कविता है, नजरबंद
कवि को सरेआम दिया गया है, मृत्युदंड
अब मानव पढ़ेगा सिर्फ विज्ञान,
जिससे हो सके विनाशक यंत्रों का निर्मान
हृदय के जज़्बात कबाड़ी में बेच
मौत का सामान खरीदेगा इनसान।

पागल

आज अचानक ही, सड़क किनारे
एक पेड़ की छांव में
जीवित इंसान दिख पड़ा है मुझे।
वर्षों से मृतक समान भटक रहा था, मैं
इस मृत्युलोक में
ना जाने कैसे आज दिख पड़ा है
वह जीवित इनसान
कभी मैं भी था जीवित, वैसा ही जीवित,
जैसा कि अभी देखा है उसे
लेकिन, अल्पावस्था में ही मरना पड़ा मुझे।
मुझमें पनपने लगी समझ,
अंगराई लेने लगा अक्ल और धीरे-धीरे
मरता गया मैं।
जैसे-जैसे दुनिया को जानत गया
वे सभी छवियाँ, वे लोग
जिन्हें मैं देवता समझता था
एक मृतक मात्र मिलें मुझे।
पैसों के पीछे, मैंने नाचते देखा
आदर्श को
बिकते देखा, ईमान को और देखा
मृतकों के इस संसार को।
फिर धीरे-धीरे मैं भी, चुपके से
शामिल हुआ मृतकों की इस भीड़ में
अब मेरा क्रंदन बिकता है, मेरी मुस्कान बिकती है
और मेरी मृतकाय आत्मा बिकती है।
कितना प्रसन्न था मैं पाकर

इस निराशा, हताशा और धोखे के व्यापार को
कितनी मुश्किल से खुद को समझाया था मैंने,
यहाँ सभी मृत हैं, मरना पड़ेगा मुझे भी,
जीने के लिए।
फिर आज यह जीवित इनसान कहाँ से दिख पड़ा,
तन पर चिथड़े लपेटे, उलझे बाल
और जोर-जोर से ठहाके लगाते होंठ।
यह ठहाके की आवाज
पहचानी सी लगती है मुझे
लेकिन कैसे ?
यह शहर तो वर्षों से मौन साधे खड़ा है।

इनसानियत की मौत

शहर के प्रकाश से चकाचौंध सड़क पर
किसी वाहन की टक्कर से हो क्षत-विक्षत
तड़प रहा था एक अधेर इंसान
आस-पास खड़ी थी भीड़, तमाशायी बनी
जैसे पत्थर की मूर्ति हो जड़ खड़ी
न कोई आँख हुई नम, न हीं किसी के हृदय में उठी कसक
कोई कोसता पुलिस को, कोई शहर प्रशासन को
भीड़ में कोई नहीं था ऐसा, जो
कोस सके मर चुके इंसानियत को।
भीड़ के लिए तो था वहाँ बस तमाशा लगा,
दिन भर के थके-मांदे मस्तिष्क के मनोरंजन की घड़ी।

अवसर उचित जान कोई भी क्यों चुके
शहर की व्यवस्था पर हर कोई थूके
काश कि कोई थूकता, मर चुकी इनसानियता पर
तो बच सकता था एक इनसान बेमौत मरने से
और शर्मसार होने से इनसानियता।

मेरा पड़ोसी देश

मेरा पड़ोसी देश
उसके पास है
नफरत, ईर्ष्या के खेत
जिसमें बोता है वह
बंदूकें, तोप, बारूद।
धान, गेहूँ की फ़सल वह
उपजाता नहीं
हृदय से प्रेम का स्रोत बहाता नहीं
उसके विद्यालय में,
हिंसा को बतलाया जाता है धर्म
उसे समझ आती नहीं,
हथियारों से जीवन नहीं पलता।
जीवन को चाहिए अन्न, प्रेम, शांति
जिससे होती है मानवता की रक्षा।
हम पड़ोसी का धर्म निभाते हैं
उसकी ग़लतियों को नजरअंदाज किए जाते है
हम उनकी हैवानियत से परेशान हो,
मानवता को ख़तरे में पाकर, बेचैन रहते हैं
उस समय हमारा कलेजा कांप जाता है
जब हमारे बच्चों को रक्षित पा,
अपने हीं बच्चों की हत्या का खेल खेलते हैं वे।
आतंक को जिहाद का नाम दे
वे दुहाई देते हैं धर्म का
हम समझ पाते नहीं, वह कौन-सा धर्म है, जो
असहायों, मजलूमों, मासूमों की
हत्या का उपदेश देता है।

वक्त ने थामी है कलम

वक्त ने थामी है कलम तो
कुछ कहानी लिखेगी
कुछ अनकही प्रेम
कुछ बलिदानों की रूबानी लिखेंगी
आज़ादी के फसाने, कर्तव्यों के तराने लिखेंगी
लबों की प्यास, अरमानों की सौगातें लिखेंगी
वक्त ने थामी है कलम तो
कुछ कहानी लीखेगी।
'भगत सिंह' और 'आज़ाद' की दीवानगी,
आज के जवानों की जुबानी लिखेगी
गाँधी की बुड्ढी हड्डियों की करामात,
अंग्रेज़ों के खौफ की दास्तानें लिखेंगी
फंदे को चूम कर गले से लगाने,
अंतिम गोली खुद के सीने में उतारने की
खुमारी लिखेंगी
गंगा की लहरों से मौजे लिखेंगी
वक्त ने थामी है कलम तो
कुछ कहानी लिखेंगी।
हर एक कवि, हर एक शायर की कलमें-
भारत के हृदय की तराने लिखेंगी
गोलियों के समक्ष पर्वतों-सा अडिग
सीने की गौरवगाथाएँ लिखेंगी।
जंगल-जंगल भटकते, घास की रोटी
खाने वाले, प्रताप की खुदारी लिखेंगी
जुर्म सहते बेवस देशवासियों के
आँसूओं की हिसाबें लिखेंगी

कलमों की काली स्याही,
भारत के सुनहरे अतीत की
इबादत लिखेंगी
वक्त ने थामी है कलम तो
कुछ कहानी लिखेंगी।
स्वाधीनता की बेदी पर हुई
कुर्बानी लिखेगी,
देशभक्तों के धड़कनों की
अरमाने लिखेंगी
अपनों के हाथों मिली सिकसत और
स्वप्नों के बिखर जाने की
बेकसी लिखेंगी
वक्त ने थामी है कलम तो
कुछ कहानी लिखेंगी।

जीवन एक कविता थी

अगर पढ़ना चाहते हो
मेरी कविता, तो
मेरा जीवन पढ़ो
मेरा जीवन ही
मेरी एक मात्र मुकम्मल कविता है।
खंड-खंड में लिखी कविताएँ
एक-एक हिस्सा है जीवन का।
इस जीवन रूपी कविता में,
तुम्हें मिलेंगे नौ रसों के परिपाक
जहाँ भरे हैं मेरे सांसों के छंद
नूतन अलंकार हैं -
मेरे प्यार के संगीत
मेरी इस कविता में,
राग है, रंग है, साज है, छंद है,
हर्ष और उमंग है
मगर ठहरो, संभलकर रखना पांव उधर...
उधर आग है; आक्रोश है
वह आग ही तो है
जिसने ढ़ाला है जीवन को कविता में ।
और जानते हो ?
नहीं जानते तो पढ़ना
इस जीवन रूपी कविता का,
अंतिम सर्ग, जो अलिखित है।
वहाँ पढ़ना कि, जब मुझे दी गई फांसी
तब, जीवन-कविता के आक्रोश को
लटकाया गया था फंदे पर।

नौकरी और घर

छुट्टियों के समाप्त होते ही
लौट आता हूँ,
नौकरी पर वापस
मन में कई यादें और
कसक लिए।

कोई बात तो है,
मेरे गाँव की माटी में
एक गंध बनकर बस जाती है
साँसों में और
गाँव से गुजरते हुए लगता है
कि जैसे
साँसे उखड़ रही हों
हर बार मन मसोसता है
कि छोड़ दूँ नौकरी करना
मनुष्य के अलावा कौन करता है नौकरी
मगर जीते तो हैं सभी
मतलब, जीने के लिए,
नौकरी अनिवार्य तो नहीं है।

मगर नहीं,
चेतना खंडन करती है
इस बात का
और कहती है
'मनुष्य को जीने के लिए
नौकर होना जरूरी हैं।'

पेट भरी जा सकती है
नौकरी के बिना भी
मगर मानव का समाज
मानव से व्यवहार के लिए,
हाथ में लिए घूमता है
एक तराजू
जिसपर तौलता है वह
व्यक्ति को, मगर
पलड़े पर चढ़ाता है नौकरी को।
यह बाजार का युग है
अर्थ इसका भगवान है और
यहाँ भावना का संबंध,
भावना से नहीं;
अर्थ से है।

धरती पर हर जीव पीछे रह गया
तरक्की की है तो, सिर्फ मानव ने
जिसने सब कुछ पीछे छोड़
पैसों का अविष्कार कर लिया।
यह सच है कि अपने गाँव की माटी में
एक जीवनदायी सुगंध है
मगर इस युग में
जीवन को खरीदना पड़ता है पैसों से।

सत्य का पक्ष

मैं धीरे-धीरे हारता जाऊँगा
अपनी बाजियाँ
एक-एक कर तोड़ ले जाएगा वह
मेरे सभी सहयोगी ।

वह झूठ है, वह जानता है
सच के सामने,
उसका वजूद खोखला है
इसलिए वह छद्म वजूद का
पहाड़ खड़ा कर देगा
यह दिखलाने को कि
उसका वजूद भी जिंदा है।

उसके पास होंगे अनेकों सबूत,
दलीलें, जिससे वह साबित कर सके
अपने पक्ष का सत्य।
मैं कभी इतनी दलीलें-सबूत
इकट्ठा नहीं कर पाऊंगा, अपने सत्य को
सत्य साबित करने के लिए ।
लेकिन वह जानता है कि उसका
पक्ष है, असत्य
इसलिए वह धीरे-धीरे एकत्र करेगा
ऐसे तथ्य, जिसकी चकाचौंध में
वह अपने फरेब को
सत्य के रूप में प्रदर्शित कर सके।

वह एक-एक कर तोड़ ले जाएगा
मेरे समर्थकों को
मैं जानता हूँ, मेरे समर्थक
आत्मबल से कमजोर हैं
मेरे समर्थकों के पास
तनिक लोभ का भी अवकाश है
वह प्रतिष्ठा का लोभ देकर,
पद का लोभ देकर, धन का लोभ देकर,
जैसे भी बनेगा,
मेरे सहयोगियों को तोड़ लेगा,
कर देगा मुझे नितांत अकेला।

सत्य अकेला ही खड़ा होता है सदैव
शायद उसे इस बात का अमल नहीं कि
जब वह मुझे,
नितांत अकेला कर देगा
तब वह स्वयं सिद्ध कर देगा
कि मैं सत्य हूँ ।

चुप है कविता

न तो मैं तुम्हारे प्रश्नों से
परहेज़ करता हूं
न मैं घबराता हूं, तुम्हारी आंखों में
जीवन की तकलीफों के साक्षात्कार से
आज भी बेख़ौफ़,
बयां कर सकता हूं, तुम्हारे दर्द
क्योंकि, अब भी लपटें बाकी हैं, मेरी
कविता की जुबान पर।
तब भी चुप है कविता, मुझे मालूम है
बल्कि सच कहूँ तो
मैंने ही बंद कर रखा है
उसका मुँह
वह तो दिन-रात सिसकती है,
बेचैन रहती है,
तुम्हारे हक में बोलने को
मगर मैं कतराता हूँ,
कविता को फिर से स्वतंत्र करने में।

नहीं, ऐसा बिल्कुल नहीं
कि मैं डर गया हूँ
या बिक गया हूँ, व्यवस्था से
व्यवस्था तो खुद कांपती है
मेरी कविता की तेज़ से
मांगती है भीख,
इंकलाब दबाए रखने की।
तब क्यों चुप कराये बैठा हूँ कविता को?

सुनो ! मैं झेल सकता हूँ,
राजनीति के सारे दांवपेंच
ध्वस्त कर सकता हूँ
पूंजीवादी इमारत
चुन चुन कर तोड़ सकता हूँ,
शोषण के भेड़ियों के,
नख-दंत, मगर
मैं कैसे सहन करूँ कि,
जिसके विरुद्ध मैं जलाए रखता हूँ,
कविता की मशाल
जिससे लड़ता हूँ, लहूलुहान होता हूँ मैं
तुम्हारे लिए,
वह जब चाहे बाँट लें जाता है तुम्हें
और तुम, भूख-गरीबी के दंश भूल
पशुवत लड़ पड़ते हो रंगों के नाम पर।

जीवन ऐसे जी रहा हूँ

बरसों से रह रहे इस मकान में
आज पहली बार देख सका
कि दीवारों का रंग पीला है
छत में,
पंखा लटकाने को एक हुक है
फर्श में कहीं-कहीं टूटन है
और रसोई घर में लगे पत्थरों पर
फल, सब्जी और मछलियों के चित्र हैं।
पहली बार देख सका कि
कमरे में टंगे पंखे का रंग सफेद है
बल्ब लगे होल्डर के अलावे एक और होल्डर है
जो नितांत खाली है
मेरे बैठने की मेज-कुर्सी के सामने लगी तस्वीर में
मैं मंगलसूत्र बांध रहा हूँ तुम्हें
और बायीं ओर लगी तस्वीर में,
ऐसे घुल रहे हैं हम एक दूसरे में
जैसे पानी में नमक घुल रहा हो।

मेज पर किताबें हैं
कलमदान में कई कलमें
एक-एक कर देखता हूँ, सहलाता हूँ
कलम और किताबों को।

बिस्तर की ओर कम ही जाता हूँ, इन दिनों
सबसे उदास बिस्तर ही है पूरे कमरे में
शायद मुझसे भी अधिक

वैसे कमरे की सभी चीजें नाराज हैं मुझसे
उलाहनों की लंबी फेहरिस्त है इनके पास
कि इतने वर्षों में,
मैंने देखना तक मुनासिब नहीं समझा इन्हें
अब कैसे समझाऊं, कि तुम्हारे रहते
दायीं ओर की दीवार पर लगी
भगवान की तस्वीर भी कहाँ देख पाया था मैं।

दफ्तर से लौटते ही, मेरे लिए
बस तुम थी, तुम्हारी बातें थी
मैं तुममें जीता था
या सच कहूँ तो तुम्हें जीता था ।
मगर अब, जब तुम साथ नहीं हो
जीवन ऐसे जी रहा हूँ
जैसे जीता है
कोई रिटायर्ड आदमी ।

उत्सर्ग

व्यथा में घुलना भी होगा
बिरह में जलना भी होगा
जिसे हो चाह प्रीतम की
तिल तिल जलना भी होगा

मुहब्बत आग का दरिया
इसमें खुद को जलाना है
लगाकर जान की बाजी
ये बाजी हारना होगा

ये सौदा इतना सस्ता है कि
कीमत शीश ही बस है
मुहब्बत की किताबों में
स्याही रक्त ही होगा

इबादत से नहीं ज़्यादा
मगर कम भी नहीं है ये
आशिक की इबादत का
इश्क प्रतिदान ही होगा

आशिकी अपने आशिक की
या बंदगी मालिक की करनी हो
दोनों एक ही जानो
मिटाना 'मैं' को ही होगा

गगन में सेज है उनकी

धरा का रहने वाला मैं
मिलन की आकुलता ऐसी
उत्सर्ग प्राण का होगा

सुनो यह ध्यान में रखना,
है आशिकी खेल न बच्चों का
प्रेम की अंतिम आहुति
स्वयं का शीश ही होगा।

गीत

और और की चाह ह्रदय में ऐसी बढ़ती जाती है
क्या मैं बताऊँ प्रिय तुम्हें तू कितना मुझे सताती है

सूरज से तकलीफ नहीं है चंदा मुझे तपाती है
तेरी गहरी प्यासी अंखियाँ नइया मेरी डूबाती है

दिन तो तब भी जैसे तैसे आता जाता रहता है
विरह में तेरी रात निगोड़ी तिल तिल मुझे जलाती है

बादल बरसे बिजली चमके डाह ह्रदय की बढ़ाती है
जुल्फ़ तुम्हारी बनके घटाएँ मन की प्यास जगाती है

देश में तू है परदेसी मैं दूरी सही न जाती है
ऐसा लगता है कि हवाएं फूंक अगन में लगाती है

मन व्याकुल है याद में तेरी तू पागल मुझे बनाती है
सावन भी दाहक लगता है जब याद तुम्हारी आती है
क्या मैं बताऊँ प्रिय तुम्हें तू...

जीने की सज़ा

आप वाइजाजत हुक्म फरमाएं कि
मुंह खोलूं भी मैं तो कहां तक कहूँ

अब तो मजहबों पर भी पाबंदियाँ यहाँ है
मैं सजदे में झुकूं तो कहां तक झुकूं

आप हुक्मराने हैं हमारे वतन के, कहो
आपके कदमों में बिछू तो कहाँ तक बिछू

आपने सुलगायी है फसाद की यह आग
इस आग में मैं जलूँ तो कहां तक जलूँ

इस हाल-ए-जलालत में हमें जीने की सजा न दें हुजूर
घुटनों के बल चलूँ तो कहां तक चलूँ

एक गुस्ताखी कर रहा हूँ मुआफ कीजिएगा
सच को चुप रहने को कहूँ तो कहां तक कहूँ ।